선물이 도착했습니다

선물이 도착했습니다

초판 1쇄 발행 2024년 10월 4일

지은이 이종화
펴낸이 장길수
펴낸곳 지식과감성#
출판등록 제2012-000081호

교정 이주연
디자인 오정은
편집 오정은
검수 김지원, 이현
마케팅 김윤길, 정은혜

주소 서울시 금천구 벚꽃로298 대륭포스트타워6차 1212호
전화 070-4651-3730~4
팩스 070-4325-7006
이메일 ksbookup@naver.com
홈페이지 www.knsbookup.com

ISBN 979-11-392-2133-6(03810)
값 13,500원

- 이 책의 판권은 지은이에게 있습니다.
- 이 책 내용의 전부 또는 일부를 재사용하려면 반드시 지은이의 서면 동의를 받아야 합니다.
- 잘못된 책은 구입하신 곳에서 바꾸어 드립니다.

지식과감성#
홈페이지 바로가기

선물이 도착했습니다

이종화 에세이

순간에서 영원으로

사랑하는 이여
그것 하나로 한결같은 눈길 주고받는
그것 하나로 도닥도닥 보듬는
그곳으로 가자

사랑하는 이여
그곳이 민들레 핀 잔디밭이든
그곳이 여뀌가 핀 물가이든
기쁨이 빛나고 소망이 그늘 밝히는
그곳으로 가자

사랑하는 이여
나를 사랑하는 것이
너를 사랑하는 일이 되는
그곳으로 함께 가자

■ 책머리에

선물이 도착했습니다

강아지 쫑긋 귀를 세우는 아침
너도 새날이 오니 반갑구나
그렇게 꼬리 치며 앞발을 치켜드는 걸 보니

좋아, 그래

기쁨의 방울 소리 멀리까지 울리도록
신나게 놀아 볼까

살아있어서 좋은 향기 가득 머금고
함빡 웃어 볼까

붓 들고
연필 들고

지금이라는 시간에

오늘이라는 마당을 말이지

                              2024년 가을 무렵에

                                      이종화

- 차례 -

순간에서 영원으로 ································· 5
■ 책머리에 - 선물이 도착했습니다 ················ 6

제1부 시가 내게로 왔다
어쩌다 시(詩) ····································· 15
그냥 쓰는 것이다 ································· 20
꽃에 기대어 ······································· 25
토닥토닥《나도 그래》(2015) ····················· 29
지나고 보니《연못 위 구름다리》(2018) ········ 41
나를 꽃피울《꽃씨 같은 말》(2018) ············· 52
다 예쁜《가경천에 핀 꽃》(2021) ················ 68

제2부 커피 한 잔 마시는 순간에도 사람은 변한다
응원의 열쇠고리 ·································· 81
당신 탓도 내 탓도 아닌 ························· 83
음악은 추억이다 ·································· 87
로맨스와 현실 사이 ······························ 90
뜬금 시 처방전 ··································· 96

수능 보는 날 ················· 99
미안해 사랑해 고마워 ············ 102
봄국 ······················ 105
선언하다 ··················· 107
안간힘 ····················· 110
커피 한 잔 마시는 순간에도 사람은 변한다 113
자유롭고 즐겁고 호젓하게 ········· 116
나를 나누는 공간 ·············· 117
나에게 힘을 주는 한 문장 ········· 119
우호적인 무관심 ··············· 122
집중된 화력으로 세상의 정면을 향하여 ···· 126
나는 지금 꿈꾸는 계절에 살고 있습니다 ···· 130
나의 노래 ··················· 134

제3부 그림이 내게 다시 왔다

보고 싶은 얼굴 ··············· 139
휴대폰 속 알고리즘 ············· 145
사람을 품는 '꽃의 위로'(2022) ······· 148
내 마음에 '봄이 오면'(2022) ········ 153
나와 당신을 '환대'(2023) ·········· 157
함께 걷는 '봄길'(2024) ············ 162

제4부 부르고 싶은 이름이 되어

늦은 답장 …………………………………… 169

지금이 아니면 ……………………………… 173

딱, 이만큼만 ………………………………… 175

연꽃이 필 무렵 ……………………………… 178

호박지 ………………………………………… 181

너는 행복하니 ……………………………… 183

이런 사이 …………………………………… 185

주관적인 것에 대해 ………………………… 187

나이는 이렇게 먹는 거야 ………………… 188

커피를 기다리는 시간 ……………………… 190

부르고 싶은 이름이 되어 ………………… 192

다시 가고 싶은, 빈 ………………………… 196

우리 안에 숨은 예술 본능 ………………… 198

순례길 ………………………………………… 200

12월 1일이 되면 …………………………… 201

마음으로 보는 눈 …………………………… 203

사랑은 관심이다 …………………………… 205

글로 남은 시간 ……………………………… 208

선택 …………………………………………… 210

지지하겠다는 말은 ………………………… 212

제5부 포옥

이월의 기다림 ················· 217

봄비 ························ 219

눈물로 별을 씻다 ············· 220

아침 7시 ···················· 222

똑똑 ························ 223

껴안을 결심 ················· 224

대숲과 아카시아꽃 ············ 225

낭성 메밀꽃밭 ················ 227

첫눈 기다리는 날 ············· 228

갑자기 함박눈 ················ 230

나른한 직선 ················· 231

■ 글을 닫으며 - 40을 지나 50 꿈꾸는 계절에 ······ 233

제1부

시가 내게로 왔다

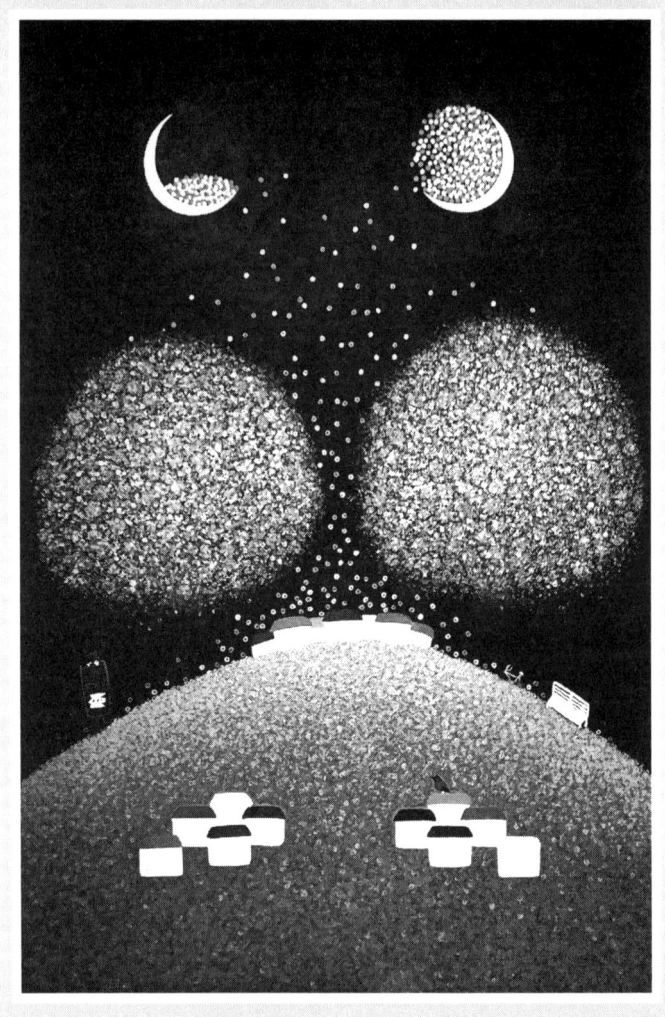

시가 상처에 닿는 순간 위로의 향기가 납니다.

어쩌다 시(詩)

지금까지 시집과 동시집 합하여 네 권의 시집을 발간하였다. 글을 오랫동안 묵히지 못하고 풋내 나는 상태에서 '시가 별건가, 쓰고 읽는 사람 마음을 맑게 하면 그게 시지.'라는 생각에 가능했던 것 같다. 시를 만나기 전에는 단 한 번도 시인을 꿈꾸거나, 시 쓰며 살고 싶다고 생각한 적이 없었다. 달을 바라보는 것처럼 보고 느낄 수는 있으나 나와 거리가 먼 대상이었다. 시와 굳이 연관하자면 중학교 다닐 때 한 아이에게 명시 필사한 책 크기의 수첩(분홍색 꽃무늬 표지에 투명 비닐 커버가 되어 있는)을 받은 것과 교과서 속 시인과 시, 장례식장에서 보았던 천상병의 〈귀천〉과 세월이 흘렀는데도 언제 들었는지 외워지는 푸시킨의 시 〈삶이 그대를 속일지라도〉가 가깝다.

40대 초반, 출석하는 교회 소식지 '새뜸'의 기자로 봉사한 적 있다. 주일 봉사할 자리를 찾던 중 권유받았다. 이전 부서에서 봉사할 때 배운 한글 프로그램으로 뚜벅뚜벅 타자만 칠 수 있어서 '글은 못 쓰지만, 할 수 있는 일 없으면 책상이라도 닦아야지.'라는 마음으로 고민 끝에 승낙하고 시작했다. '새뜸' 기자들은 대부분 초중등 교사로 책과 가까이하는 삶을 사는 분들이다. 일주일에 한 번 모여 신문 구성이나 기사 안건 등에 대한 회의를 마치면 책 이야기를 나누었다. 흥미로웠다. 사람이 누구를 만나느냐, 누구와 함께하느냐는 많이 중요한가 보다. 책과 가까워졌고, 그런 분위기는 내 안의 불꽃 심지가 타오르기에 충분했다.

글쓰기를 이해하고, 새뜸 기자를 잘 감당하기 위하여, 도서관에 가 에코백 가득 책을 대출해 읽었다. 여러 권의 시집과 나탈리 골드버그가 쓴 《뼛속까지 내려가서 써라》(한문화, 2013), 배상문의 《그러니까 당신도 써라》(북포스, 2009), 조정래의 《황홀한 글감옥》(시사IN북, 2009), 배상복의 《글쓰기 정석》(이케이북, 2021) 등 글쓰기 관련 책부터 읽기 시작했다. 동기부여가 되었다. 엄마에게 빌붙어 살 때, 1년 동안 닥치고 읽었던 책이 글쓰기의 자양분이 되었다고 했던 한 시인의 말처럼 책을 읽어갈수록 점차 이전 삶과 다른 세상이 열렸다. 바깥세상이 아닌 내 안에 일어나는 어떤 것. 그것이 남들이 말하는 꿈의 실현인지도 모르겠다.

 시간이 지나면서 잘 적응해 전체 8면으로 구성하는 신문기사 한 꼭지를 담당했다. 그런데 산 하나를 넘으면 또 하나의 산이 다가오듯이, 1면에 실을 시를 쓰라는 숙제가 주어졌다. 신문 1면은 담임목사님 칼럼과 창작시 한 편을 싣는다. 그동안은 이미 시집 내고 작가로 활동 중이신 분과 글을 오래 써 오신 분들이 담당할 정도로 중요한 지면이었다. 나로서는 혼란스럽고 엄두가 나지 않았다. '1면에 싣는 시를 내가? 무슨 시를 어떻게 써야 하지?' 포기할까도 생각해 보았는데 함께 봉사하던 친구(현재는 교회에서 전도사로 사역)의 응원으로 쓸 용기가 생겼다.

 시를 쓰겠다 결심한 며칠 후, 예배 중에 강단에 장식한 꽃꽂이 속 해바라기가 눈에 확 들어왔다. 시는 그렇게 번뜩 번개가 치듯 오는 경우가 있다. 해바라기를 천천히 관찰하였다. 해바라기는 마치 하나님을 바라보며 예배드리는 성도들과 닮은 듯하였다. 습작한 시를 친구에게 보였다. 조언을 듣고 퇴

고하여 완성하였다. 그 시가 바로 〈해바라기〉이다.

들길에 꽃이 피었습니다
텃밭 두엄 옆에 꽃이 피고
예배당 모퉁이에도 꽃이 피었습니다

꽃들이 재촉하여 새벽이슬 털어내고
둥그런 얼굴 길게 들어
당신을 바라봅니다

갑작스런 장대비에 멍이 들고
세찬 바람에 몸이 휘청거려도
쓰러지지 않는 것은
당신이 있기 때문입니다

당신을 바라보며
어둠을 견디고 기다리던 꽃들이
그리움으로 알알이 여물어 갑니다

- 〈해바라기〉

그 무렵 스마트폰으로 바꾸면서 사진 찍기를 즐기기 시작하였다. 집 근처로 흐르는 가경천에서 만나는 냇물, 오리, 하늘, 꽃, 나무, 달, 별 등 계절 따라 변화하는 모습을 보고 있노라니 자연스레 시심(詩心)이 자라났다. 이른 아침, 사진 보며 글을 썼다. 사진과 함께 SNS에 올렸다. 지인들의 반응이 좋았다. 알랭 드 보통이 《왜 나는 너를 사랑하는가》(청미래, 2007)에서 "말을 할 줄 모르는 사람들에게는 글쓰기가 큰 유혹이다."라는 말을 증명이라도 하듯이, 말주변이 없는 나로서 글쓰기는 충분히 매력이 있었고 SNS는 글쓰기를 계속할 원동력이었다. 사진 보면서 습작하거나 장면을 연상하며 글 쓰는 방식은 지금까지 이어가고 있다.

시를 계속 쓰려니 사방에서 시꽃이 피어났다. 두 줄, 세 줄, 또는 길게. 한 잎, 두 잎, 무더기로. 부르면 오는 강아지처럼, 시가 내게로 왔다.

그냥 쓰는 것이다

 새뜸 신문 1면에 실린 시 몇 편을 연달아 읽은 교인들이 "등단하셔야겠어요!", "시인이네요!" 같은 함축적인 감상평을 해주었다. 달콤함이 느껴지는 초콜릿 첫맛이었다. 칭찬은 가능성을, 인정 효과는 내게 시 쓰는 일이 뜻있어 보이게 하였다.

 시 관련 소식을 검색하는데 한 온라인 신문사에 신춘문예 공모 소식이 눈에 들어왔다. 성시부문에 응모하였고 당선되었다. 소감문을 써야 했다. '무슨 말을 쓰지? 시로 무엇을 할 수 있을까? 시로 나와 다른 사람들에게 어떤 유익을 줄 수 있을까?'라는 자문을 하였다. 나는 무슨 일을 계획하고 수행할 때면 무시로 생각하고 귀를 열어 응답의 목소리를 들으려 하는 습관이 있다. 예배 때 목사님 말씀을 들으며 '치유하는 글을 쓰고 싶다.'라는 마음이 생겼다.

　살면서 매일 다른 상황에 따른 감정과 상흔으로 남은 과거 속 상처에 직면하여 손 내밀고, 알아주고, 다독이고, 안아주고, 일으키는 시를 쓰자(지금 생각하면 치유의 글을 그렇게 쉽게 쓰고 싶다고 말하는 건 겁이 없었던 것 같다. 상처를 감당할 마음의 근육이 단단해야 한다는 것, 내가 가시이고 상처가 될 수 있음을 알아야 한다는 것이 무엇인지 몰랐다)고. 시로 나와 다른 사람에게 해줄 수 있는 일이라 생각하면서 말이다.

　이듬해 전국 문인 대상인 서울 소재 ○문학가협회에서 〈이불 털기〉 외 4편으로 신인상을 받고 작품활동을 시작하였다. 활동을 시작하고 보니 SNS에 글을 올렸을 때와는 달리 부족함이 많이 보였다. 시를 발표하는 순간 나를 떠나 타인의 눈높이에서 읽혔다. 시를 쓰기 힘들었다. 한계는 계단마다 왔다. 칭찬은 이제 힘이 되지 않았다. 슬럼프는 밥 먹듯 다가왔고, 시 쓰기의 즐거움은 고통으로 변했다. 준비하지 못한 등단은 내게 책임감을 주었다. 글을 잘 쓰려면 많이 경험하고, 많이 읽고, 많이 생각하고, 많이 써봐야 한다. 스스로 채운 수

갑에 맞는 열쇠를 찾아 열어야 했다.

  발길 돌려 국문학의 기초가 알고 싶어 한국방송대학교 국어국문학과에 편입했다. 학과 공부를 하면서 시 쓰기는 더 어렵게 다가왔다. 흐르는 대로 두었다. 방송대에서는 다양한 연령대, 직업의 사람들을 만날 수 있었다. 사람은 사랑할 때 빛난다고 생각했는데 공부할 때도 빛나 보이는 것을 만학도를 만나면서 알았다. 그들과 소통하고 알아가는 것이 시 쓰기이며 시 공부였다.

  국문학과 학생들은 글을 쓰거나 책과 국문학이 좋아 시작한 사람들이다. 대부분 직업을 가지고 있었고 밤낮없이 열심히 사는 사람들이 모여 있었다. 그때 만난 친구가 있는데 졸업 후 여러 권의 시집을 발간했고 지금도 열심히 시를 쓰고 있다.

  언제부터였을까? 물론 시는 잘 써야겠지만, 어렵게 잘 쓴 시가 좋은 시라는 생각을 내려놓았다. 한 줄 시 '하이쿠'처럼 쓰든, 사진에서 읽은 디카시를 쓰든, 종교시를 쓰든, 관념시를 쓰든 능력만큼 그냥 쓰는 것이다. 마음에서 우러나는 감정을, 대상을 정하여, 들을 만한 언어로. 마음이 한결 가벼웠다.

    시를 써 보려고 두어 시간 동안
    꽃대 밀어 올리는 군자란을 보다가
    창밖 교차로를 보다가
    책을 뒤적이며 펜을 들어도
    도무지 쓸 만한 글 한 줄 손끝에 머물질 않는다

    길 잃은 생각은 거미줄처럼 뒤엉켜
    칭칭 팽팽하게 잡고 놓아주질 않으니

    마음먹은 대로 안 되는 일이 있다는 것을
    몸으로 보려고
    몇 시간을 시 고픔에 끙끙거렸나

    책상 앞에 앉아 쓰려는 마음
    연필 끝으로 고백하며

언 마음 녹이는 시는 못 쓰고
'쉽게 쓴 시' 시 한 편 얻는다

- 〈쉽게 쓴 시〉

꽃에 기대어

　어떤 시인은 가난한 유년을 팔아 시인이 되고, 어떤 시인은 옛 애인을 팔아 시인이 되고, 어떤 시인은 자연을 팔아 시인이 되었다는 말을 시인들의 글 통해 읽었다. 중국의 사학자 이중톈(易中天, 1947~)이 영감을 철학자의 영감, 시인의 영감, 종교적 영감으로 분류한 적 있듯이 시인은 영감으로 시를 쓰고, 영감이 되는 원천이 있다는 말이다. 내가 시 쓸 때 오는 영감은 대부분 스마트폰 사진첩 볼 때 온다. 집 앞으로 흐르는 가경천 산책길이나 여행 때 찍은 사진을 보면서 감정을 읽고 이입한다. 사진 속 이미지는 대부분 자연인데, 그중 꽃이 가장 많다. 그렇다 보니 꽃에 비유하여 쓴 시가 시집의 다수를 차지하고 있다.

꽃은 사람을 닮았다. 그래서 그런지 꽃은 고대부터 음악, 문학, 그림 등 예술작품의 창작 소재이다. 봄에 만나는 살구꽃, 벚꽃, 목련, 애기똥풀들과 꽃처럼 물든 가을 단풍이 내게 영감을 준다. 이른 봄에 만나는 봄까치꽃이 시가 되고 보도블록 비좁은 틈으로 올라오는 민들레 싹이 시(詩)종자가 된다. 꽃이 피면 꽃시가 핀다.

사람은 살아있음에 꽃이다. 그러나 살아있는 사람이면 누구나 아픔을 느끼고 상처가 있다. 더하냐 덜하냐의 차이만 있을 뿐 사는 동안 누구도 피할 수 없다. 그 고통을 안는 방법은 산책, 운동, 독서, 그림 그리기, 글쓰기, 식물 키우기, 수다 떨기, 음악 감상, 기도 등 다양하다. 하지만 학습된 무기력으로 상처만 끌어안고 있다면 분노와 우울의 싹이 튼다.

꽃은 어떨까. 꽃에도 아픔이 있을까. 꽃도 사람처럼 서로 다른 색과 잎으로 다른 장소에서 핀다. 하지만 어떤 특정한 꽃이 가장 예쁘다고 말할 수 없다. 다 예쁘다. 사람과 다른 점은 꽃은 말이 없다는 것이다.

다른 곳으로 옮겨주세요

다른 계절에 피게 해주세요

좀 더 위에서 피게 해주세요

다른 색으로 피게 해주세요

내가 더 예뻐요

- 〈꽃이 하지 않는 말〉

  치유에 대한 글을 쓰기로 했으니 상처 먼저 만나려고 했다. 사람을 꽃에 기대어 본다. 사람 관계에서 오는 아픔을 꽃과 이야기 나눈다. 꽃의 아픔이 내 아픔, 내 아픔이 꽃의 아픔이 된다. 꽃잎에 맺힌 이슬은 다시 웃기 위한 눈물. 상처를 직면하면 치유의 길이 열린다. 꽃의 아픔을 보듬고 안아 현재의 소중함과 즐거움을 찾아 함께 춤춘다.

내색하지 않았으면 몰랐을
너의 상처
다른 사람 아픔을 보듬는
꽃이 된다

아파서 줄 것이 있다
힘들어서 나눌 것이 있다

그러니
아팠어도 괜찮다
힘들었어도 괜찮다

아프고 힘든 사람의 꽃으로
너는 살면 된다

- 〈민들레에 기대어〉

  꽃은 우리에게 기쁠 때는 더한 즐거움을 주고 슬플 때는 위로를 주는 존재다. 꽃을 보거나 키우기만 해도 우울 증상이 완화된다고 한다. 하나님은 어쩌면 '외롭다, 그립다' 말하는 사람들을 위해 밤하늘에는 별을, 땅에는 꽃을 선물로 주셨는지 모른다. 만약 지구상에 꽃이 사라진다면? 생각만으로 끔찍한 일이다. 꽃은 우리에게 많은 것을 주고 있다. 그런 꽃에 기대어 시를 쓰고 있다.

토닥토닥 《나도 그래》(2015)

2015년, 첫 시집 《나도 그래》를 발간했다. 이 시집은 나의 아픔과 상처를 말함으로써 타자의 아픔을 공감, 위로한다는 내용의 시집이다. 태양 뜨거운 여름날, 힘겨운 하루를 보내고 집으로 돌아오는 길. 나조차 알아주지 못해 느끼는 외로움에 대한 시 〈나도 그래〉를 고민 끝에 시집 이름으로 정했다.

집으로 가는 길에 만난 강아지풀
고개 숙이며 인사를 하네

땀에 젖은 발걸음
벅차 보인다며 말 걸어오네

*내 곁에는
아무도 없다고 느낄 때가 있고
나조차 나를
안아주지 않을 때가 있다고*

*또 그렇게
힘없이 바람에 흔들리는 모양이
너와 내가 많이 닮았다고
나를 위로하네*

- 〈나도 그래〉

   글쓰기는 나를 만나는 일이다. 시선을 상처에 먼저 두니 나와 사람들의 아픔이 보였다. 잊은 듯싶었던 옛 아픔과 상황으로 인한 고통, 살면서 당면할 수밖에 없는 이별, 계속 사랑하는 데서 오는 아픔, 짐처럼 느껴지는 삶의 무게, 가장의 실직, 영적인 목마름이 시로 말을 걸어왔다.

*그리움 담장을 타고
하늘로 오른다*

싸맸던 마음 한껏 열고
너를 기다린다

얼마만큼 올라야
너를 만날 수 있을까

담장을 넘어도
떠난 너는 없다

너를 불러보지만
이름은 이내
허공으로 흩어진다

바람은 불어 심장은 애달프고
그리움은
더 붉어지는데

얼마나 올라야
너를
볼 수 있을까

- 〈나팔꽃〉

아파트 담장 장미가 한창 아름답던 5월. 남편이 먼저 하늘나라에 가고 어린 자녀 홀로 키우던 친구가 지병으로 세상을 떠났다. 성격 좋고 정 많던 친구다. 그리고 마흔 초반에 돌아가신 나의 아버지와 오빠가 있다. 이들처럼 우리 곁을 먼저 떠난 사람은 추억을 남기는 동시에, 남은 사람은 미안한 감정으로 힘들어하기도 한다. 그 친구에게 미안했던 일이 나에게도 있다.

    잠든 눈을 뜨고 먼 산이 창문을 두드린다
    부스스 몸을 일으켜 베란다 문을 밀고 나가니
    뚝_

    어젯밤까지 나를 보고 웃던 동백꽃송이가
    얼음 같은 바닥에 떨어져 있다

    예고된 이별이었건만
    잘 가라는 그 흔한 인사말 못 하고
    가뭇없이 보낸다

    통화 연결음만 남기고

그동안 행복했다는 차가운 메시지로 대신한
볼이 소녀 때처럼 유난히 붉던
오월에 떠난 J처럼

햇살에 드러난 눈물 자국
얼음기둥 안고 쓰다듬는 아침

베인 손끝이 아프다

- 〈손끝이 아프다〉

우리는 크거나 작거나 자신만 아는 아픔을 지닌 채 살아간다.

베스트셀러였던 책《미움받을 용기》(인플루엔셜, 2014)에서는 트라우마의 존재를 부정하고 과거에 지배받지 않은 삶을 살며, 스스로 불행을 선택하지 않아야 한다고 한다. 하지만 먼저 과거에 어떤 트라우마로 불행한 삶을 사는지, 아프다는 말이 엄살인지 아닌지 문제를 인지한 후에야 해결책이 나오지 않을까 한다.

가로막힌 벽이

담쟁이에는 길이 됩니다

사막을 가는 당신은 지금

어디를 보고 걷고 있나요

어떤 상황에도 포기하지 않는 삶은 아름다워요

손을 내미세요

무릎을 꿇어야만 잡을 수 있는 손이라도

잡은 손은 당신에게 위로와 걸어갈 힘을 줍니다

웃어 주세요

낮의 햇살에

비지땀을 식히는 바람에

밤하늘의 별빛에

벽은

벽이 아니니까요

- 〈담쟁이〉

아무리 선명한 기억이라 하더라도 오류가 있을 수 있다. 잘못 건져 올린 기억은 독이 되기도 한다.

영화 〈마담 프루스트의 비밀정원〉(2014)은 어릴 적 사고로 부모가 죽은 후 말을 잃은 채 두 이모와 살아가는 폴의 이야기다. 이모들은 폴을 세계적인 피아니스트로 만들려고 했다. 하지만 폴은 댄스 교습소 피아노 연주자로 살다가 우연히 이웃인 마담 프루스트의 집을 방문하게 됐다. 그녀가 준 차와 마들렌을 먹고 과거의 상처 안에서 슬퍼하다가 떠올린 추억과 기억의 오류를 발견하고는 일상의 행복을 느낄 수 있도록 치유된다. 이처럼 물에서 받은 상처는 물에서 치유해야 한다. 파리에 있는 로댕미술관에 갔을 때 일이다. 조각상에서 볼 수 있는 우울, 슬픔, 분노, 고통, 자기 연민 등 지옥 같은 표정과 형태를 감상하노라니 나도 모르게 쌓였던 부유물이 사라지는 느낌이 들었다. 그렇다고 물에 오래 머물면 안 된다. 물에서 나와 '용서 못 할 일로 나를 힘들게 할 수는 없지.', '그럴 수도 있어. 괜찮아.', '때문에'를 '덕분에'라고 말할 수 있도록 나를 안고 사랑해야 한다. 살다 보면, 기쁨을 위협하는 일들은 많다. 침전한 상처가 불쑥 휘저어지면서 잠식하려 들기도 한다. 새로운 상처를 허락하지 않으려면 의견을 정확히 전달하며 최선을 다한 관계나 일의 결과에 연연하지 않아야 한다.

비 오고 바람 불어야 꽃이 핀다
넘어져도 그게 끝은 아니다

먹구름 몰고 온 비 내리는 하늘도
구름 걷히면 밝은 햇살 있다

잘 견디는 꽃에
따뜻한 눈인사 보내자

시선이 머문 꽃에 이름 불러주며
두 손 잡아주자

살아있어서 꽃이다

- 〈살아있어서 꽃이다〉

  아픔을 치유한다 해도 상흔은 남는다. 하지만, 아픔의 시간에 함께한다는 것이 고맙고, 내민 손 잡고 일어날 힘이 생긴다. 토닥토닥 나도 그래. 그 안아줌이 내일로 가는 구름다리가 된다.

문우들과 가경천에서 시화전을 하였다. 거저 받았으니 거저 주어야 한다는 마음으로 200여 권의 시집을 주민들에게 무료로 나누었다. 울긋불긋 물든 가경천 단풍과 사람, 시가 어우러진 시화전. 길 지나는 어른, 아이 모두 즐거운 한때를 보냈다. 시간이 많이 지났는데도 나의 행복 저장고에 생생하게 남아있다. 이듬해, 소식을 들은 가경동 주민자치센터의 요청으로 '우리동네 한마음잔치'에 시화전으로 참여하게 되었다. 시가 있는 곳이면 그래그래 끄덕끄덕. 사람들 마음이 한마음으로 물드는 것을 지켜보면서 시 쓰는 보람을 느낄 수 있었다.

　흙 한 줌
　별 한 줌
　봄비 한 줌에 피는
　민들레는
　바람 한 줌으로
　노랗게 물들일 벌판으로 갑니다

　한 줌의 기도
　한 줌의 시

한 줌의 미소
한 줌의 눈물로
세상은 환해집니다

- 〈한 줌의 힘〉

 다음 시 세 편에는 마주 앉아 손잡아 주는 듯한 위로와 고마운 마음을 담으려 하였다. 아직은 대처할 약이 없는 불변의 진리 사랑. 상처의 약은 바로 알아줌과 사랑이라 말하고 싶은 시이다. 〈너에게 물들다〉 시어 중 '단풍'을 '꽃'으로 바꿔 쓴 〈너에게 물들다〉Ⅱ가 있다. 시 쓰기는 감정이 해소됨으로써 치유다. 여린 사람 마음을 위로하려고 글로 풀었을 뿐인데, 내 마음은 어느새 저녁 산들바람이 부드럽게 부는 꽃밭에 서 있는 기분으로 물든다.

사랑은 꽃잎입니다
한껏 흐드러지다가 금세 지고
진한 향기
오랜 기억 속에 묻히는

사랑은 꽃잎입니다
눈 속으로 아름답게 왔다가
시린 가슴을 지나 발밑으로 지고

다시
눈물로
피어나는

사랑은 잎입니다

- 〈사랑은〉

오늘도 나는
너를 위한 기도를
하늘에 올린다

언제나 건강하기를
끝까지 사랑하기를
더욱 행복하기를

그래야 내가
웃을 수 있으니까

- 〈기도〉

가만히 있다가도
네 이름이
가슴에서 일렁이면
나는 금세
단풍잎처럼 물이 든다

별것 아니지 하다가도
네 얼굴이
가슴에서 일렁이면
단풍은 어느새
네 얼굴로 피어 있다

- 〈너에게 물들다〉

지나고 보니《연못 위 구름다리》(2018)

다 너다

세상은 온통 너를 향한 길이고
너를 위한 노래고
너의 빛깔로 눈부시다

광장에 있는 많은 사람이 너 한 사람으로 보인다
길 가 핀 모든 꽃에 네가 보인다
짬 내서 마시는 커피 속에 네가 있다
해 넘어가는 산등성이에 어김없이 네가 그려진다

세상 모든 것이 이전과 다르게 보이고

기다림이란 말이 사전에서 사라진

　　나는 언제나
　　너에게 닿아있다

　　- 〈너에게〉

　하루를 마무리하는 저녁. TV 채널을 돌리는데 tvN 드라마 〈시를 잊은 그대에게〉에서 귀에 익은 시가 낭송되고 있었다. 이 드라마는 등장인물의 사랑, 슬픔, 용기, 기쁨 등의 감정을 시로 표현하는 드라마이다. 남자주인공을 짝사랑하는 여자주인공에 의해 낭송되고 있었다.
　"어?!"
　자리에서 벌떡 일어나 방에 있던 아이들을 불렀다. 딸은 화들짝 기뻐하며 방송 자료로 동영상을 만들었고, 아들은 놀라면서도 시에 나오는 '너'는 누구인지 물었다.
　"'너'가 누구냐고?"
　이러한 질문은 아들뿐 아니라, 내 시집을 읽은 몇 분에게 들었던 적이 있다. 그러면 "'나'는 시를 쓰는 나일 수도, 어느 한 대상일 수도, 내가 믿는 신일 수 있다. 순간 번뜩이듯 떠오른 생각을 썼으니 나도 잘 모른다."라고 말한다. 확실한 건 위로와 응원과 사랑이 필요한 시적 대상이라는 거다. 시는 읽는 사람이 주인이니 당신의 "'너'를 읽으라."라고 한다. 내 시인데도 읽을 때 상황에 따라 '너'라는 대상이 바뀌는 것을 본다. 대답은 아들에게도 마찬가지다.

시 〈너에게〉는 남편과 서천 여행할 때 철새 도래지 둑에서 찍었던 데이지꽃 사진을 보며 순간적으로 떠오르는 느낌과 감정으로 썼다. 후에 최대한 달콤한 사랑시 한 편 써보고 싶다는 심정으로 퇴고하였다. 방송 후 독자들에게 많은 사랑을 받았다.

시 〈너에게〉가 실린 《연못 위 구름다리》(2018) 시집은 회복과 자족, 자립, 사소한 행복 찾기 등 치유로 한 발짝 더 다가가기 위한 내용의 시가 수록되어 있다. 기독교 복음성가 중 〈은혜〉라는 곡에 "모든 것이 은혜"라는 가사가 있다. 살얼음 위를 걷는 줄 알았던 발길을 멈추고 뒤를 돌아보니 연못 위 구름다리를 걷고 있었다는 내용으로 같은 의미이다. 눈으로 보면서도 다 못 볼 때가 있다. 가장 중요한 것을 마음의 등불 아래에서 보았을 때, 그때가 상처가 꽃으로 피는 순간이다.

아침에 눈을 떴을 때 생각나는 사람
맛있는 음식 앞에 있을 때
생각나는 사람 있다면
당신이 사랑하고 있는 사람이다

졸린 오후 한숨 돌릴 때
커피 한잔 같이하고 싶은 사람
옷 가게 앞을 지날 때
쇼윈도에 걸린 옷가지를 보고
떠오르는 사람 있다면
당신이 사랑하고 있는 사람이다

길가에 어제까지 보이지 않던
곱게 핀 꽃을 보았을 때
생각나는 사람
가슴 저미게 슬픈 일이나
화들짝 기쁜 일이 생겼을 때
말하고 싶은 사람 있다면
당신이 사랑하고 있는 사람이다

잠자리에 누워
아쉬움이나 그리움에
잠 못 이룬 적 있는 날
생각나는 사람 있다면
당신이 사랑하고 있는 사람이다

우리는 사랑하지 않는 것이 아니라
단지 말하지 않고 있다

- 〈내가 사랑하고 있는 사람은〉

  연약한 우리는 솔직하면 거북하고 가면 쓰면 진실하지 않다고 느낄 때가 있다. 호의를 마다한 거절과 안 좋은 결과의 상황으로 긍정적인 감정보다 부정적인 감정이 먼저 반응하게 된다. 그러다 보면 부정적인 뇌로 바뀌기 쉽다고 뇌과학자는 말한다. 뇌도 생각이나 감정의 습관에 길든다는 말이다. 가만 보면 우리 삶의 일은 기쁨과 슬픔, 고통과 소망이 동반하여 오기도 하는데, 긍정의 쪽을 선택한다면 희망이 있다. 긍정은 긍정을 낳는다. 긍정적인 뇌로 바뀌면 나와 상대를 그대로 받아들이고 안아줄 여유가 생긴다.

안아주세요

결점이 장점을 덮지 않도록

존재 그대로 의미를 찾아

사랑이라는 이름으로

남보다 나를 먼저

보듬어 안아주세요

두 팔로 꼭이요

- 〈안아주기〉

  모두에게 행복할 권리가 있다. 스스로든 함께든 행복하게 살겠다고 마음먹으니, 행복할 이유와 행복할 거리가 보인다. 행복의 감정을 무너트릴 수 있는 사건은 문제로 여겨지지 않는다. 당시는 참을 수 없이 힘든 일이고 회복하기에 고통의 과정이 남겠지만, 행복하게 살겠다고 마음먹으면 회복 탄력이 생긴다.

꽃을 품고 싶은데 가시가 보이고
별을 담고 싶은데 별을 가린 구름이 보이고
우리 집이 '체험 삶의 현장' 같아

그래서 찾아 나섰지

꽃 찾아
별 찾아

한 발짝 멀어지니 조금 보이네
눈앞 꽃이, 별이

눈이 있어도 보지 못하는 눈
입이 있어도 말 못 하는 입
가슴이 있어도 느끼지 못하는 가슴이었네

행복은
숨 쉬며 보고 느끼며 사는 것
그래서 달콤함만 바랄 수 없네

갖추려 하는 욕구에 가려진
내게 있는 것을 찾아내고
일을 성취해 나가며 진통 느끼는
그 모습 그대로가 행복이네

비교의 안경을 쓰고 있어서 보이지 않을 뿐
행복 문 안에 내가 있네

　-〈행복의 문〉

　시집을 냈으니 시화전을 하고 싶었다. 장소를 알아보던 중 한국방송대학교 충북본부 로비에 있는 북카페가 떠올랐다. 행정절차를 걸쳐 학교 관리담당과 세부 사항을 협의한 후 전시 동안 기말고사와 지방선거가 치러질 예정이라 제목을 '꿈, 너에게 물들다'로 정하였다. 직접 찍은 사진과 시, 고맙게도 아는 후배가 《연못 위 구름다리》 시집에 있는 문구로 써 준 캘리그라피 작품으로 꾸몄다. 시화전을 진행하던 2주 동안 휠체어에 노모를 모시고 구경 온 중년의 딸, 야간 근무 마치고 들른 직장인, 기말고사 치르는 재학생, 아낌없이 응원해 준 지인들, 친정 엄마 생신 맞아 함께 모인 식구 등 시를 사이에 둔 만남은 꽃 피는 봄이었다.

    상당산성 동문에서 성안 마을로 내려오는 길
    접시꽃 피어 있다
    나름의 모습으로 빛을 내며
    얼굴 잘나고 속도 좋은 사람처럼
    꽃은 의연히 웃고 있다

    흙에서 나고
    흙으로 돌아가는 순환의 자리에 피어
    직장 잃어 짐이 더 무거워진 발길과
    풀린 자유가 너무 가벼워 날아갈까 겁이 나
    꼭꼭 힘주고 걷는 발길에
    툭툭 가볍거나
    타박타박 여유의 향기 불어넣으며
    다른 생 보듬는다

    신명 나는 트로트 음악 새어 나오는 두부집에
    남은 축제의 한낮을
    왁자지껄 끓이는 남자와 여자들도

이 길로 지났겠다

　　여기까지 잘 왔다

　　지나간 이도
　　서 있는 나도

　　각 사람 빛이 곱다

　– 〈빛이 곱다〉

　그때 알게 된 문화코디네이터 선생님이 있는데, "제가 곧 문의(청주시 문의면)에 들어가 살 건데요. 혹시 아이들과 시 관련 프로그램을 진행하게 되면 와 주실 수 있나요?" "그럼요. 연락만 주세요." 이 말을 나는 4년 후 아이들과 만나 동시 관련 프로그램을 진행하였고 어르신들과 향교에서 만나 시화 그리기 수업을 하였다.

　　이유라는 단어보다

그냥이라는 말이 어울리는

유난히 밝은 별처럼

첫눈 같은 설렘을 주는

너라는 사람

- 〈느낌이 좋아〉

  연못 위 구름다리를 말하면 클로드 모네(1840~1926, 프랑스)의 〈수련〉이 생각난다는 분들이 있다. 그렇다. 시집 발간 후 파리 여행할 때 지베르니 모네의 정원에 갔다. 집과 정원을 구경한 후 '물의 정원'으로 이동하였다. 마침 연못가에는 여러 예쁜 꽃들이 만발하고 수련이 군데군데 피어 있었다. 연못 위 구름다리 위에서 가방에 있던 시집을 꺼냈다. 고해(苦海) 같은 우리 삶에 따뜻하고 화사하고 평화로운 구름다리 하나 그려넣을 시간과 여유를 놓치지 않길 바라면서 시집을 들고 사진을 찍었다.

나를 꽃피울 《꽃씨 같은 말》(2018)

국문학과 졸업 후 독서논술 자격증 과정을 공부하였는데, 나를 아끼는 선배가 초등학교 방과 후 강사 모집에 지원할 것을 권유하였다. 방과 후 학교에 대한 자세한 이야기를 듣고 보니, 일주일에 하루 이틀 몇 시간만 하는 일이라 할 수 있을 거 같았다. 그렇게 독서와 글쓰기 수업 강사로 학교에 나가게 되었다. 수업을 준비하고 아이들을 만나면서부터 동시집을 읽게 되고 동시에 관심이 생겼다. 한 편 두 편 생각나는 대로 썼고 동시가 모였다. 시집을 발간하기로 했다. 아이들과 나눈 대화에서 영감을 받다 보니 시의 주제는 자연스럽게 아이들의 자존감, 이타심, 자긍심, 공존의 내용이다.

"얼마 있다가 동시집 낼 건데 그림 그려 줄 수 있겠니?"

동시집 《꽃씨 같은 말》(2018) 발간 전, 수업할 때 만난 두 아이에게 삽화를 부탁하였다. 모두 그림 관련 꿈을 가지고 있고 대내외 수상 등 성과를 내고 있었다. 아이들이 시를 읽고 표현하는 그림은 어떨지 궁금한 동시에 꿈을 응원하고자 하는 마음도 있었다. 아이들이 그린 그림은 놀라울 정도로 만족스러웠다.

　아이들은 어른의 거울이다. 아이는 어른의 뒷모습을 보고 배운다. 아이에게 하는 말보다 어른끼리의 대화를 들으며 많은 걸 배운다. 서양 영화를 보다 보면, 말다툼하던 부부 곁에 자녀가 있는 경우 "너의 잘못이 아니야. 너는 아무 잘못이 없어. 우린 괜찮아. 엄마와 아빠는 의견이 다를 뿐이야. 우리는 너를 사랑해."라고 말하는 것을 볼 수 있다. 부모 사이가 안 좋은 가정에서 성장하는 아이들은 부모의 문제를 자기 탓으로 돌리고 죄책감에 시달릴 수 있다고 한다. 영화가 이상적인 면을 담는다지만, 이 부분에서 아이를 키우는 우리나라 가정의 부모도 한 번쯤 생각해 볼 문제다.

　　돌담 사이에 핀 민들레야
　　- 너, 참 기특하구나

잔디밭에 옹기종기 모여 핀
제비꽃아
- 너, 참 예쁘구나

강둑 비탈에 핀 애기똥풀아
- 너, 참 대견하구나

말하는 사람과
듣는 사람 얼굴이
활짝 피는
꽃씨 같은 말

오늘은
거울을 보고
내게 말한다

- 너, 참 멋있구나!

- 〈꽃씨 같은 말〉

앙투안 드 생텍쥐페리(1900~1944, 프랑스)가 쓴《어린 왕자》(1943)는 인간관계에 대한 소설이다. 어린 왕자가 가시가 있는 장미를 이해하고 계속 사랑하게 되는 과정이 나와 있다. 아동도서라기보다 서문에 쓰여 있듯 위로가 필요한 어른이 읽을 만한 책이다. 읽을 때마다 새로운 밑줄이 그어진다. 위로는 아이들에게도 필요하다. 아이들도 살아가는 데 힘겹다.

길가
철 지나서 피는
채송화에

- 늦어도 괜찮아
  천천히 피어도 돼
  너 혼자가 아니야

보듬어주고
안아주고
활짝 웃어주는

엄마 같은

가을 햇살 있어요

- 〈너 혼자가 아니야〉

하지만 아이들은 잠시 잠깐만 힘들다. 어른들이 생각하는 것만큼은 아니다. 아이들이 느끼는 고통은 어른보다 덜하다고 한다. 아이들은 명랑하다. 마치 나이 먹어 중년을 넘기면 삶에서 오는 고통이 줄어드는 것처럼…. 하지만 고통이 자리 잡지 않도록 빠른 회복의 개입이 필요하다. 유전자에 따라 다르겠지만, 아이들이 받은 상처가 빨리 아물 수 있도록 해야 한다. 상처가 자리 잡으면 애벌레 하나가 나무 하나를 쓰러지게 하듯 어릴 적의 상처는 평생을 두고 힘들게 할 수 있다.

이사 오기 전, 초등학교 옆에 살았다. 이른 아침 등교하는 아이들과 체육 시간 운동장에 나와 뛰노는 아이들을 볼 수 있었다. 신학기가 오면 제 몸보다 큰 가방 메고 학교에 가는 아이들이 예쁘기도 하고 기특하기도 해서 '이제부터 시작이네!' 하고 마음속으로 응원을 보내기도 했다.

온종일
가랑비가 내린다
하늘에서 봄이 내린다

산수유 나뭇가지에
물방울이 달린다
나뭇가지에 봄이 달린다

땅이 젖는다
땅에 봄이 스민다

내 가방 속에
새 학년 교과서가 들어가 있다
봄이 들어가 있다

- 〈봄맞이〉

  초등학교는 교과서 공부 외에 사람에 대해 배우는 시기다. 학교와 학원에서 사회생활을 한다. 사랑도 한다. 한번은 가경천 산책로를 걷고 있는데 초등학교 고학년쯤으로 보이는 여학생은 저쪽 건너편에, 남학생 무리는 이쪽 둑 위를 걷고 있었다. 그중 한 남학생이 여학생 이름을 부르며 "○○야, 나랑 사귀자. 너, ○○랑 헤어졌다며. 그러니 나랑 사귀자. 내가 잘해줄게. 우리 결혼까지 하자."라고 목청껏 소리치고 있는 게 아닌가. 처절해 보였다. 혹시 무슨 일이 일어나면 어쩌나 경계를 하면서도 '너희들이 사랑이 뭔지 아니?' 속말을 하려다, '나는 사랑을 아는가?' 자문하였다. 뒤도 안 보고 속사포 고백을 늘어놓는 열정. 어떻게 되었을까. 사귀고 있을까, 있었을까. 아예 시작도 하지 않았을까. 그 아이들만이 알 일이다.

생각만 해도 심장이
쿵쾅쿵쾅

민수가 나타나기라도 하면
민수를 향해 서 있는 안테나
홀낏홀낏

눈은 다른 곳을 보고 있어도
붉어지는 토마토 얼굴

민수를 좋아하는 마음
숨기고 싶은데
이러다가 덜컥
들키기라도 한다면

그때는 어떡하지
정말 어떡하지

- 〈어떡하지〉

사람에게 있어서 만남과 이별은 피하지 못하는 과제다. 아이들도 무수한 만남과 이별을 반복한다. 슬프고 아프다. 더 힘이 드는 건 익숙했던 나와의 이별이다. 더는 그전의 나로 돌아가지 않는다는 것이다. 새롭고 나다운 자아를 찾기 위해 그동안 쌓아온 신념과 여러 불편한 감정이 몸부림치고 충돌한다. 본인뿐 아니라 곁에 있는 사람들도 힘이 든다. 어떤 비위에 장단을 맞춰야 할지 시간이라는 약 처방을 하며 하루하루를 보낸다. 요즘은 더 빠르게 오지만 초등학교 4학년이 되면 어김없이 내면을 흔드는 광풍이 불어온다. 바로 사춘기다.

어느 날부터인가
정민이가 달라졌어
마음은 안 그런데
별일 아닌 일에
자꾸 짜증이 나고
남이 바라보는 시선이
자꾸만 신경 쓰여

- 공부 좀 해라
　학원 빨리 가라
　방 정리해라

쉼 없는
엄마의 말이 들리면
귀를 막고 싶고
소리 지르고 싶은 마음
꾹꾹 눌러 참고

- 맞아, 내 잘못이야

정민을 미워하다가

　　- 엄마는 너무해

　　엄마를 미워하다가
　　정민이가 이상해

　　- 〈사춘기야 어서 와〉

　어릴 적에 공부도 못하고 말썽을 자주 부리던 아이가 있었다. 훗날, 성실한 청년이 되어 결혼 전에 집과 살림을 마련하고 부인과 행복하게 잘 산다는 말을 초등학교 동창에게 전해 들은 적이 있다. 수업 중에 힘들게 하는 1학년 아이가 있었다. 잠시도 자리에 있지 않고 소리를 냈다. 가르치고 타이르고를 반복하며 수업에 집중 안 할 거면 왜 신청했냐고 물었더니 "○○가 신청해서요. 나는 ○○가 좋아요. ○○가 있는 곳이면 어디든 따라갈 거예요."라고 이유를 말했다.

　　초등학교 동창회에 다녀온 우리 고모
　　고무줄놀이하면 고무줄 끊고 달아나고

공기놀이하면 손을 툭
공기 떨어트리고 달아나
고모를 울리던 남자 동창이
아주 멋진 남자로 변했다고
말한다

가만 생각해 보니
내가 말만 하면 말꼬리 잡고
의자 빼기로 골탕 먹여
짜증 나게 하는 우리 반 수열이
수열이도 어른이 되면
그렇게 멋지게 변할까?

- 〈반전〉

  아이들의 성장은 빠르다. 콩나물처럼 하루 지나면 쑥 또 하루 지나면 쑥쑥 밥 한 공기 먹고, 책 한 권 읽고, 칭찬 한마디 들으며 자란다. 키가 자라는 만큼 어느새 마음도 자라 부모 걱정을 한다. 돈 버느라 힘들어하는 부모의 한숨에 아이들 어깨가 내려오기도 한다. 돈 때문에 보고 싶은 부모님의 얼굴 못 봐서 슬퍼하는 경우도 있다.

    밥 먹고 살기 왜 이리 힘드냐고
    잊을 만하면 숨 고르듯
    말씀하시는 우리 아빠

    어제는 우리에게 주실 빵을 사러
    제과점에 들렀다 오시며
    빵이 밥보다 더 비싸다고
    말씀하셨는데

    그럼,
    오늘 하신다던 잔업은
    빵값을 벌기 위해서일까?

    빵도 먹고 싶고
    아빠도 보고 싶은 저녁

    현관문 쪽에서
    고소한 빵 냄새가

솔솔 나는 것 같다

  - 〈빵값〉

  아이들 기분은 양육자의 응원과 함께 손잡고 걸어가노라면 살아난다. 상을 타지 않고 1등을 하지 않아도 인정해 주고 아이들의 선하고 옳은 행동에 칭찬하면 햇살 같은 미소가 얼굴에 반짝반짝 빛나고, 어깨에는 바람 같은 들썩임이 들썩들썩, 걸음은 나비처럼 나풀나풀 가볍다.

  후덥지근한 여름이
  숨차게 뛰어온 날
  아빠는
  창고 안에 있던 선풍기를
  꺼내신다

  제 계절을 만나
  나무처럼 늠름하게 서서
  바람을 일으키는 선풍기

선풍기도 사람들에게 해줄
제 할 일이 있으니
당당하고 멋지지 않냐며
너도 자라면
더운 사람 위해
시원한 사람이 되라고

내가 하는 일 때문에
다른 사람도 즐거워한다면
행복 씨앗은
더 빨리 싹튼다고
아빠가 말씀하신다

- 〈행복 씨앗〉

  사랑을 받고 자라면 사랑할 줄 아는 사람이 된다고 한다. '아이들이 잘 성장해야 나라의 앞날이 밝다.'라는 말은 어린이가 보고 자라는 어른들에게 책임과 의무가 있다는 말로 들린다. 개미처럼, 꿀벌처럼, 지렁이처럼, 독수리처럼, 나비처럼, 바람처럼 서로 돕고, 성실하고, 포기하지 않고, 사랑하고, 자유롭게 꿈을 활짝 펼치는 어른의 뒷모습을 보여줘야 한다. 그래야 아빠 차 아래에서 잠자는 길고양이 살필 줄 알고, 아픈 일 있는 친구 말에 공감할 줄 알고, 잘된 친구에게 축하할 줄 알며, 한 지붕 아래 다름이 있는 교실 안 풍경을 볼 줄 아는 사람으로 자란다. 모든 어린이에게는 봄이 오면 꽃 피울 꽃씨가 가슴에 꼭꼭 들어있다.

소현이네 반 아이들이
동네 담장에 벽화를 그린다
마음 착한 소현이네 모둠은
하늘하늘 꽃을 그리고
여행을 좋아하는 지민이네 모둠은
터벅터벅 낙타를 그리고
수영을 좋아하는 영진이네 모둠은
졸졸 시냇물을 그린다
멀뚱히 바라보던 영애네 모둠은
꽃 위 앉아있는
나풀나풀 나비를 그리고
나서기 좋아하는 창수네 모둠은
쨍쨍 해를 그리고

쭈뼛쭈뼛하던 주민이네 모둠은

묵묵히 서 있는 나무를 그린다

아이들이 한 시간이 넘게 달라붙어

벽화를 그리는 동안

그림 도구 챙기며

지도하신 선생님은

꽃처럼 예쁘고

낙타처럼 씩씩하고

시냇물처럼 너그럽고

해처럼 밝고

나비처럼 사랑하고

한결같은 나무처럼 크라시며

바람을

호~

불어넣어 주신다

- 〈벽화 그린 날〉

다 예쁜 《가경천에 핀 꽃》(2021)

 청주시 흥덕구 가경천은 나의 유년에 빨래터였고 놀이터였던 고향 냇물과 닮았다. 물길 따라 살구나무, 벚나무, 소나무, 철쭉, 모과나무 그늘진 둑을 걷는 것만으로 들뜨는 위로이다. 코로나19 사태 이후 찾는 사람들이 더 늘었다. 전과 다르게 뛰는 젊은이를 자주 볼 수 있으니 얼마나 보기 좋은지 모르겠다. 이런 가경천 옆에서 20년 넘게 살고 있다. 그동안 집을 한 번 옮기긴 했지만, 가경천이 좋아서 가까운 곳으로 이사하였다.

 가경천 물길 따라 핀
 봄까치꽃, 새별꽃, 민들레꽃, 제비꽃, 벚꽃, 살구
 꽃……처럼

징검다리 건너는 사람

　운동 나온 사람

　꽃 앞에 멈춘 사람

　평상 위 백발의 노인

　벤치 위 수다가 즐거운 사람

　이별하고 미친 듯 걸어야 했던 사람

　산소통 같은 희망을 품고 나온 아픈 사람

　재잘거리며 엄마와 걷는 아이

　반려동물과 걷는 사람

　모두 꽃이다

　- 〈꽃〉

　우리가 다 알고 있는 '꿈이 현실이 된다', '상상하면 이루어진다', '꿈을 이미지화해라' '끌어당김의 법칙' 등 꿈 관련 말이 있다. 정말 그럴까. 몇 번이었던가. 시와 가경천 사진을 담은 시집 한 권 있었으면 좋겠다고 생각한 적이 있다. 우연이었을까. 운이었을까. 생각이 현실이 된 것일까. 제3집《가경천에 핀 꽃》(2021)을 발간하였다. 꿈꾼 지 10년 만의 일이다.

절망은 꽃이 피지 않아서가 아니라
한 번 더 기다려주지 않는 것

전화벨이 울린다

새별꽃 보며 한 번 더 웃어보자고
꽃다지꽃 보며 한 번 더 이해하자고
민들레꽃 보며 한 번 더 용서하자고
제비꽃 보며 한 번 더 그리워하자고
벚꽃 보며 한 번 더 사랑하자고

그래서 가경천에

한 번 더 봄이 온다고
한 번 더 꽃이 핀다고

-〈한 번 더〉

《가경천에 핀 꽃》(2021) 시집은 치유의 궁극인 이해와 사랑, 자족, 자유, 기쁨, 감사의 짧은 시편과 가경천 사계절 사진을 엮었다. 충북 지역 '상생Book(책을 매개로 충북 지역의 작가와 출판사 그리고 동네서점이 상생하며 시민 독자와 함께 문화도시를 가꾸어 가는 운동)' 사업 일환으로 지역 출판사에서 발간하고 온라인뿐 아니라 시내 동네서점 지역작가 코너에 입점하여 판매하고 있다. 책을 사기 위하여 서점에 갔을 때 궁금증과 부러움으로 찾던 코너였는데 꿈만 같았다. 한 지인은 "매일 보는 가경천이라 내 눈에는 그 모습이 그 모습 같은데 시집을 읽으니 다르게 보인다, 아주 귀한 눈 가진 듯하다."라고 칭찬했다.

　벚꽃 분분히 날리는 봄날

　벚나무 그늘에 앉아

　두 손에 받아 든

　- 〈벚꽃 한 잎〉

 사람이 그러하듯, 때로는 시도 사람에게 먼저 다가가야 한다. 시집 낸 기념으로 50여 권의 시집을 가경천 지나는 주민에게 나눠 주었다. 주는 사람도, 받는 사람도 즐거운 시간이었다. 얼마 후, 첫 그림 개인전을 준비하던 때의 일이다. 리플릿을 의뢰하던 중 광고업체 사장님께서 '가경천 시화전'에 대해 궁금해하셨다. 그 사람이 바로 나라고 했더니 화들짝 놀라셨다. "지금은 가경천과 거리가 먼 곳에 이사하여 살고 있지만, 그쪽 근방에 살 때 가경천 시화전을 본 적이 있다."라고 "마치 파리의 거리 보는 듯한 광경에 신기해했는데 어떻게 그런 생각을 하게 되었냐."라고 말씀하셨다. 나도 놀랐다. 그냥 좋아서 한 일인데 기억해 주시니 기쁘고 감사하다고 대답한 것 같다. 가경천에서 지금까지 3번의 시화전을 하였다.

    창문을 여는 아침 빛은

    저 꽃은

    갓 내린 커피는

    형상 없는 음악은

    아기의 웃음은

뜨거운 눈물은

　반가운 목소리는

　사랑하는 사람은

　- 〈어디서 왔는가〉

　우리는 요즘 개인의 취향과 의견이 존중되는 시대에 살고 있다. 모처럼 가족과 여행하기 위해 여행지를 정하고, 식사 메뉴 선택하려면 의견이 달라 작은 것에도 조화를 이루기 쉽지 않음을 알 수 있다. 개인의 행복뿐 아니라 공동체 행복을 위해 세대와 성별뿐 아니라 가족 사이도 공감과 이해의 빛을 더 발해야 한다는 말이다. 중요한 것은 우리가 함께하는 것이지, 내 생각과 뜻만 고집한다면 함께하는 데는 행복을 이루기가 어렵다. 각자 자유롭게 살면서도 서로를 위해 양보하고 존중해야 한다. 소중한 나를 멀리서 보면 우리가 보인다. 관계에 사랑을 첨가하기 위해서 때로는 기도의 골방에 들어가거나 무조건 걷기가 필요한 것이다.

오늘 나에게 주는 선물은
나와 시간을 보내는 것

차 한잔
책 한 페이지
기도 한소끔
낮잠 10분
가경천 산책로

만나는 사람마다
새롭게 건넬 미소
인사는 덤

쌓이는 살아갈 힘
손잡아 줄 여유

- 〈선물〉

  사랑은 증명하라고 하는 것이 아니라고 한다. 그가 나를 사랑하는지, 내가 그를 사랑하는지 증명하려면 끝이 없다. 지나치면 집착이다. 사랑을 지속할 힘은 자잘한 표현에서 나온다. 일상의 표현 퍼즐이 모여 관계를 이끄는 큰 동그라미가 된다. 사랑도 성장해야 지속력이 생긴다. 사랑을 지키는 일도 끝없는 공부가 필요하다.

　바람 지나는 틈과 틈을 사이에 두고

　지금, 여기
　너와 함께 숨 쉬는
　모든 순간이

　풀숨
　꽃숨이야

　- 〈결〉

　글쓰기 좋아하는 사람들은 할 말이 있는 사람이다. 나와 세상이 조금 더 밝아졌으면 좋겠다고, 인간답게 살아가자고 말하는 사람이다. 내용과 형식은 다르더라도 글로 생각을 표현하고 싶은 사람들이다. 시집을 내고 한동안 시가 오지 않아,

가깝게 지내는 분께 "시가 오지 않는데, 이제 시는 그만 쓸까요?" 말했더니 "무슨 소리. 평생 써야지." 핀잔 아닌 핀잔을 들었다. 이제 글쓰기는 그동안 몸에 익은 습관이다. 글의 형식이야 어떠하든지 계속 쓰지 않겠나 싶다. 사는 동안 감정도 제 일을 할 테니, 나와 우리를 꽃피울 꽃씨 같은 말에 눈과 귀를 열어 놓아야겠다.

    키우는 식물에 물 주기 좋은 날
    볶음밥에 계란 올려 먹기 좋은 날
    라디오 듣기 좋은 날
    오래 못 본 사람 연락하기 좋은 날
    만나는 사람마다 인사하기 좋은 날
    마음에 든 사람 고백하기 좋은 날
    전시회장 가기 좋은 날
    서먹했던 사람과 마음 풀기 좋은 날
    물길 따라 걷기 좋은 날
    묵혀 두었던 영화 보기 좋은 날
    차 한잔하기 좋은 날
    시집 읽기 좋은 날
    반려견과 눈 맞추며 놀기 좋은 날

아무것도 하지 않아도 좋은 날
사랑한다 말하기 좋은 날

- 〈좋은 날〉

제2부

커피 한 잔 마시는 순간에도 사람은 변한다

설탕에 재운 레몬차 마신다

새콤달콤 봄 같은 맛
노오란 봄향기 같은 맛

시큼하던 너인데
설탕을 넣고 기다려주니

맛이 아주 좋아졌구나!

- 〈나도 가끔은 설탕이 필요해〉

응원의 열쇠고리

 고등학교 2학년 조회 시간. 제주도 여행 다녀오신 담임선생님은 여행길에서 사 오신 열쇠고리를 나누어 주셨다. 이름을 듣고 앞으로 나온 아이들은 부모님이 안 계시거나, 한 부모 가정의 아이들이었다. 자랑할 일도 아닌데, 창피하고 뻘쭘한 마음에 당시는 고마운 마음보다 '선생님이 괜한 일을 벌이신다.'라고 속으로 투덜거렸다.

 이따금 여고 때를 생각한다면 그때의 장면이 떠오른다. 선생님이 여행지 선물 가게에서 반 전체 선물을 살까, 반장이나 공부 잘하는 아이들 선물을 살까 고민했을까 싶어서. 아니면 처음부터 대상을 정하셨을 수도 있고. 어쩌면 선생님께서는 기념품을 통해 말씀해 주려고 하셨나 보다. 너를 응원한다고,

그러함에도 꿈꾸라고.

한 사람이 성인이 되어 살아가는 데는 여러 사람의 응원이 더해진다. 그중 한 분이 선생님이시다.

글을 여기까지만 쓰고 마무리하려고 했다. 그런데 고등학교 때 만난 한 언니가 내 머릿속에서 떠나지 않는다. 그 언니는 같은 교회 언니였는데, 언니가 졸업하기 전까지 일주일에 한 번씩 나와 친구(현재 친구 부부는 교회와 지역의 값진 일을 담당하며 살고 있다)를 학교 강당(백합관)으로 불러 손잡고 기도를 해주었다. 키 크고 얼굴 예뻤던 언니. 할머니와 단둘이 사는 어려운 형편에도 우리를 위해 기도하고 눈물을 흘려주었다. 돌이켜 보면, 지금의 나의 모습이 어떠하든 나로 사는 것은, 보이거나 그렇지 않거나 기도해 준 손길 덕분이다.

나를 소중히 여기고 사랑할 이유다.

당신 탓도 내 탓도 아닌

〈당신 탓〉이란 시를 읽으려는데 '틱낫한'이라 읽힌다. 이런 일은 종종 있다. 집중하지 않으면 활자를 매끄럽게 읽기란 쉽지 않다. 머릿속에 있는 글자가 눈으로 본 새로운 활자에 얹혀 읽히기 때문이다. 한 페이지에 한두 개는 그렇다. 소리 내서 읽을 때 더 그렇다. 어릴 적 나는 약간의 주의력 결핍과 난독증이 있었던 것 같다. 그렇다고 훈련하거나 치료받은 적은 없다. 난독증이 있는지 몰랐다. 기본 머리가 있어 중학교 3학년 때는 반에서 1등도 한 적 있다. 좋은 성적으로 고등학교에 입학했지만, 시험공부나 근무한 회사에서 반복되는 숫자를 다루어야 하는 업무 볼 때는 조금 힘들었던 건 사실이다. '다음 중 맞는 것은? 아닌 것은?' 문제에서 맞게 보이는 답을 찾아 확실한 답이라 생각했으나 오답이었다. 보통 사람과 보는 시야가 약간 다른 것 같기도 하다. 시험 결과는 기대 이하였다. 정답을 확인하면 실수한 문제가 꼭 있었다. 전에 했던 실수를 다음 시험에서도 했다. 문제를 여러 번 읽으면 되는데. 어디 문제 읽는 것만 그랬을까마는, 공부에 게을러서 그러겠거니 생각했다. 심각하지 않았다. 시험 끝나면 놀아야 하니까. 그래서 잊었고, 등수에 대한 욕심도 많지 않았다.

  호기심이 많다 보니 대학 입시 공부에 게을렀다. 한창 공부할 시기에 나의 흥미를 끄는 것은 금성출판사의 간추린 세계명작 시리즈와 오빠가 읽던 추리 소설, 잡지 부록으로 따라오는 하이틴 로맨스 소설 시리즈 읽기와 편지 쓰기였다. 이들이 나의 자양분이었나. 오독도 독서고 편지 쓰기는 글쓰기니까. 난독증에 대해 검색하니 에디슨, 처칠, 톰 크루즈 등 유명인의 이름이 뜬다. '책놀이' 수업하다 보면, 부산하여 집중 못 하는 아이들을 만날 때가 있다. 이런 아이들은 주의력 결핍이나 심하지 않은 난독증을 앓고 있을 수 있다. 진짜 그렇다면 아이 탓이 아니다. 전문 치료법이 있겠으나 책을 잘 못 읽을 때는 읽어주고, 듣는 이해도가 느려도 기다리고, 자세히 설명하고, 안아주고, 좋아하는 어느 한 분야에 몰입할 수 있도록 양

육하라고 말하고 싶다. 집중력이 약하다 싶은 아이도 딴전 피우다가 질문하면 대답을 곧잘 하는 경우가 있다. 아이들에게 말 못 할 아픔이 있을 수 있으니 꾸준한 관심을 가져야 한다. 가까운 사람의 목소리는 이상이 아닌 현실로 들어야 하고, 아픈 사람 목소리로 들어야 한다.

"사랑하는 이여, 나는 지금 고통받고 있어요. 그러니 도와주세요."

- 틱낫한의 《오늘도 두려움 없이》(2013) 발췌

시집 《연못 위 구름다리》에 실린 시다.

언제나 꽃잎이기보다는 하얀 연서 하늘에 띄우고 다시 시작하는 홀씨 있다고 팔랑이던 날개를 접고 꽃으로 가득한 세상 꿈꾸었노라고 책상 앞에 앉아 일기를 쓰는 나비가 있다고 봄에는 그 누구도 꽃 피우지 않을 수 없음을 말하며 꽃 피우는 소나무가 있다고 봄이라서가 아니라 네가 봄이기 때문에 꽃 피우고 싶었다고 연달아 꽃 피던 봄 끝에서 봄을 다시 읽는다

너를 다시 읽는다

- 〈난독〉

음악은 추억이다

　인구는 줄고 산업 성장은 멈추고 경기가 안 좋은 요즘, 옛 번화가 건물 2층은 물론 1층에 빈 점포가 늘어나고 있다. 그런데도 몇십 년 넘게 자리를 지키고 있는 가게를 마주하면 마치 신념과 의지의 표현 같아 믿음이 간다. 이런 가게 앞을 지날 때면 징검다리 필요 없는 추억을 금세 소환해야 한다. 청주시 성안길에 있는 '서울음악사'가 바로 그런 곳 중 하나다. 팝과 가요를 즐겨 듣던 학창 시절, 좋아하는 노래 이름을 종이에 써서 갖다 주기만 하면 카세트테이프에 녹음해 주었다. 덕분에 우리는 나만의 플레이리스트를 가질 수 있었고 긴 밤 테이프가 늘어지도록 들을 수 있었다.

　플레이리스트는 시간의 흐름에 따라 변하고 새로운 곡이

첨가되었다. 음악사를 드나들던 당시 왬 포함 팝과 김승진, 변진섭, 이승환, 부활들의 노래가 어디선가 들리면 역사를 바꿔 쓰지 않는 한 그때의 이야기가 떠오르곤 한다. 야간자율학습 시작 전, 교실에 설치된 텔레비전으로 음악 프로그램을 보았으며 경쟁이라도 하듯, 좋아하는 연예인 얼굴 책받침을 가방에 넣고 다녔다. 중학교 때부터 듣던 팝은 여고 시절에 가요 붐과 맞물리면서 자연스레 가요를 들었다. 그때 팝을 함께 듣던 친구는 초등교사가 되었다.

공개방송이 활성화되고 좋아하는 가수를 가까이서 볼 수 있었다. 음악카페에서는 차를 마시며 신청곡을 들을 수 있었다. 여자 친구가 좋아하는 노래를 신청해 전화하는 남학생도 있었다. 중학교 땐 록, 고등학교 때는 팝과 가요로 이어져 오다가 태교로 들은 모차르트, 딸아이 방에서 들리던 음악, 신앙생활을 다시 시작하면서 듣게 된 찬송가와 복음성가, FM 라디오에서 들리는 음악들이 내가 음악을 들은 경로이다.

요즘에는 유튜브만 열면 장르마다 수많은 플레이리스트가 존재한다. 듣고 싶은 음악 계정에서 선택하여 들어도 되고 창작자가 되어 올려도 된다. 지금 나의 플레이리스트에는 어떤 음악이 있을까. 지난날과 많이 달라졌지만, 불쑥 옛 추억을 소환할 때면 어김없이 그때 음악이 등장한다. 추억 속에 음악이, 음악 속에 추억이 있다. 오늘 들은 선물 같은 음악이 내일의 추억이다.

로맨스와 현실 사이

　월간 잡지 부록인 하이틴 로맨스 소설을 즐겨 읽던 여고 시절의 모든 소설 속 여자 주인공들은 돈 많고, 능력 있고, 잘생긴 남자의 구애를 받는다. 여자 주인공이 아무리 튕겨도 남자 주인공은 포기하지 않고 결국 소설은 해피 엔딩으로 끝난다. 동화에서 '공주가 왕자님을 만나 행복하게 잘 살았습니다.'처럼. 현실을 넘는 책으로 대리만족을 느끼며 교과서 밑에 놓고 읽었던 황당이가 출동하는 시기가 있었다. 그래서 그런지 남녀가 만나 이루는 결혼 생활은 행복한 이야기만 있을 줄 알았다. 연애 시절 눈물 젖은 이별 경험 한번 없던 내 결혼만큼은 말이다. 그런데 말이지, 마냥 행복한 결혼이 있을까. 그런 관계가 있을까. 삶이 만만하지 않았다. 고비마다 힘든 일이 있었다. 그 덕에 멀어졌던 신앙생활을 다시 시작하기는 하였지만, 기도하고 또 기도하며 살았다. 백발의 어르신들이 대단해 보이는 것은, 그 험난한 시절을 지나왔기 때문이다.

　행복한 결혼을 꿈꾸는가. 한 여배우는 행복한 결혼 생활의 비결을 묻는 기자의 질문에 "이제 혼자 살 수 있을 거 같다고 생각할 때쯤 오빠를 만났어요."라고 말했다. 결혼을 위해 먼저 자립이 되어야 한다는 얘기다. 정신이든, 생활이든, 재정이든 혼자서도 잘 살 수 있는 습관을 길러야 결혼 생활에 잘 적응할 수 있다. 상대를 고치려거나 의존하는 마음은 집착을 만들 수 있다. 나만 생각하는 이기적인 마음이 상대를 외롭게 만들 수 있는 게 결혼이다. 결혼은 서로의 부족한 점을 채우고 맞춰가는 과정이라고 한다. 살아보니 그렇다.

　결혼은 꽃길을 만드는 것이지 마냥 꽃길이 열리지는 않는다. 전쟁터로 나가는 군인처럼 희생정신과 사랑으로, 긍휼한 마음과 강한 마음 근육으로 삶에서 오는 문제를 맞이해야 한다. 열린 마음으로 상대를 받아들이고 변화하고 배우자를 설레게 할 자기 계발과 공부를 해야 한다. 사랑의 호르몬이 다해도 살아갈 힘을 길러야 한다. 그래서 결혼은 어렵다. 하지만 어느 것에나 예외는 있다. 우리 주변에는 신기하게도 언제나 사이좋은 부부가 있다. 조건에 상관없이 서로를 위하고 잘 지내는. 보이는 그대로 사랑은 아름답다고 할 수 있다.

　제1집을 준비하면서 부부에 대한 시를 썼다. 내 시가 그렇듯이 무턱대고 착하기만 했다. 지금 쓴다면 내용이 다르지 않을까 싶기도 하다. 사느라 차가워진 상대의 손을 데울 줄 알고, 든든히 지키는 배경이 되고, 기다림의 인내가 있고, 불안과 근심을 잠재울 믿음이 존재한다면 어떨까. 이상주의자의 바람이지만 이왕이면 예쁘게 쓰기로 한 부부에 대한 시다. 이대로라면 어떠한 일이 있어도 결혼은 아름답고 따스하다. 하지만 결혼은 어느 한쪽만 배경이 되는 것이 아니라, 반쪽이 주인공이면 다른 반쪽은 배경이 되는 과정의 반복이 더 좋다. 그래서 결혼은 내 편을 만드는 제도이며 말 그대로 동반자를 얻는 언약식이다.

　　품은 햇살 눈부신 출발선
　　뒤로한 길에서

　　식은 손 차갑다 놓지 말고
　　나의 손으로 데우게 하소서

좁고 가파른 길 투덜대지 않고
나의 체력 기르게 하소서

경치 나쁘다 불평하지 않고
내가 배경이 되게 하소서

물 빠진 바닷가 허탈해하지 않고
밀물 될 때까지 기다릴 줄 알게 하소서

들과 나무마다 풍성한
가을 풍요를 함께 누리게 하시고

겨울 빈 들을
가벼운 몸으로 거닐게 하소서

- 〈부부〉

 아침을 좋아하는 여자와 밤을 좋아하는 남자. 아무 말 대잔치 여자와 과묵한 남자. 방어기제가 다른 두 사람이 함께 산다는 것이 여러 가지로 녹록하지 않았다. 분양받은 아파트를 포기해야 했던 IMF 사태 후유증, 서툴렀던 아이들 양육과 약한 체력으로 굽이굽이 넘어야 하는 산 등이 그렇다. 하지만 쭉 그렇게 살라는 법은 없다. 안 보이던 것이 보인다. 불행할 수 있는 이유에 집중하지 않고 감사하는 눈이 열린다. 흐르는 시간에 두 손을 들고 각자를 인정하고 존중하는 모습으로 변한다. 중년으로 접어들면서 아픈 데가 늘어나고 하루하루 몸 관리하며 살아야 하는데, 서로를 바라보며 '당신도 늙었구나.' 짠한 마음을 보낸다. 어느 날, 퇴근하고 집에 온 남편이 "장모님 오셨어요?" 하고 말하면 다소곳이 일어나 "아, 아버님 오셨어요?"라고 대답하면서 서로의 얼굴을 보고 웃는다. 남은 시간 낡아 가는 몸을 챙기는 동지애로 살자는 마음이 든다.

격포 바닷가 바위와 따개비

거센 풍랑 일자
더 깊이 더 힘껏 서로의 품속으로
파고든다

달그락달그락
뼈와 뼈가 닿는 소리

싸르락 싸르락
묶은 사슬 부딪혀 나는 소리

쨍쨍한 햇빛
한 뼘 물러난 파도

반짝반짝 맑은 웃음
느슨하게 건네는

나와 당신,
당신과 나의 이야기

- 〈사슬〉

뜬금 시 처방전

"지금의 당신 생각은 옳아요. 그러니 불안해하지 마요. 결과가 설령 원하지 않는 곳으로 흐른다 해도 다 나쁜 것은 아니니, 괜찮아요. 무엇이든 될 거예요. 다 잘 될 거예요."

누군가 어떤 일에 대해 의논해 왔을 때, 이렇게 조곤조곤 말하면 좋으련만 뜬금없이 시를 읊어주곤 할 때가 있다.

"산산조각이 나면/산산조각을 얻을 수 있지/산산조각이 나면/산산조각으로/살아갈 수 있지"

정호승 시인의 시 〈산산조각〉의 뒷부분이다. 이 시를 처음 만났을 때 카타르시스를 느꼈던 기분을 전달하고 싶은 욕구에서 돌출하여 시로 답변을 한 것일까. 이런 마음은 시를 읽는 독자라면 공감할 것이다. 정호승 시인 또한 본인 시 중에 가장 좋아하는 시라고 말하는 것을 어느 인터뷰에서 본 적이 있다. 내가 정호승 시인의 시편을 좋아하는 이유가 있다.

집 모퉁이 벽에 등 기대고 먼발치 보며 서 있는 사람.
한 그루 나무 곁에 홀로 서 있는 사람.
꽃 찾느라 아직도 집 밖의 낯선 길을 서성이는 사람.
나서지 못한 까만 방에서 세상을 바라보는 사람.
수화기 너머로 외로움 토로하는 사람.

연약한 사람을 향한 봄햇살 같은 사랑 시편이 가득해서이다. 시 〈산산조각〉은 묵었던 집착과 불안을 내려놓고 가볍게 시선 돌리고 싶을 때, 결과 상관없이 마음에 있던 무언가를 실행하고 싶을 때 마음에 닿는 시라고 할 수 있다. 나의 경우엔 말이다. 고민을 토로할 때 엄마라면 뭐라고 하셨을까? 문득, 〈Que sera, sera(Whatever Will Be, Will Be)〉(1956) 노래가 떠오른다.

한 사람의 인생은 멀리서 보면 점이다. 그것도 먼지보다 작은 점. 그러나 이 땅에서 살아가노라면 상황에 따른 작은 점들로 이어진 선이다. 오르막에서 불렀던 노래와 내리막에서 흘린 눈물이 한 선 안에 있다. 선을 타고 춤출 수 있는 용기가 있는 사람이 선을 아름답게 보고 그릴 수 있다. 먼지보다 작은 점이 될 수 있다.

수능 보는 날

인문계 고교 3학년이던 아들은 수능시험을 치르지 않았다. 면접만 보면 되는 직업전문학교에 가기로 했으니까. 아들이 고등학교 1학년 때쯤이었다.

"엄마 나 꿈이 생겼어요."
"뭐, 뭔데?"
"○○ ○○○ 배우고 싶어요."
"그래? 그럼 해야지."
"진짜?"
"응, 해봐."
"엄마, 이해해 주셔서 고마워요."

꿈이라 말하기 전에 아들을 잘 알기에 쉽게 대답할 수 있었다. 다음 날 학원을 알아보고 학과 관련 공부를 하게 했다. 고등학교 3학년 때 담임선생님은 지방의 4년재 공대로 원서 쓸 것을 권유했지만 나와 아들은 처음 계획대로 하기로 했다. 그런 아들이 수능 전날은 유난히 짠해 보였다. 어떤 마음으로 보낼까 하는 노파심이 생겼다. 생각 끝에 영화나 함께 보자는 말을 건넸다. 그랬더니 선뜻 좋다는 대답을 해왔다. 우린 일찌감치 복대동 C 영화관에 갔다. 표를 사고 음료를 사서 영화 한 편을 보았다. 건너편 상가 맛집에서 점심을 먹었다. 영화 한 편 더 보자는 의견이 더해져 한 편 더 보고 집으로 왔다.

아들과 많은 대화를 나누진 않았지만, 수능 보는 날만 돌아오면 그날의 기억이 떠오른다. 함께 보았던 영화도 생각난다. 이 땅에 사는 모든 고등학교 3학년 학생들과 부모들은 수능과 상관없이 애썼고 수고했다. 세상 앞에 다 승리하길 바란다. 이미 한 사람 한 사람이 별이다. 살아가는 사람이 승리자다. 그날 보았던 영화 속 〈We Are The Champions (Remastered 2011)〉 노래 가사처럼.

아들은 군대에 다녀와서 서울에서 공부하고 있다. 어느 주말 집에 내려와 "버스 타려고 걷고 있는데 풀 냄새가 좋은 거예요. 비 온 뒤 풀냄새가 아주 좋은 거 있죠."라고 말하는 모습에 빙그레 미소가 지어졌다.

미안해 사랑해 고마워

　대학병원에서 근무하고 있는 딸이 간호사 국가고시를 보던 날이었다. 딸을 시험장에 보내 놓고 두근두근한 마음을 달래며 기도를 하는데, 잠시 후 '주가 쓰시겠다 하라.'라는 울림이 들렸다.
　"응? 뭐지?"
　다시 집안일을 하면서 마음으로 기도했다. 이번에도 '주가 쓰시겠다 하라.'라는 음성이 또렷이 들리는 듯했다. 직감적으로 합격을 확신했고 감사한 마음이 들었다. 더는 기도하지 않았다. '주가 쓰시겠다 하라.' 이 말은 예수님이 예루살렘에 입성하실 때 맞은편 마을로 가 타고 갈 나귀를 끌고 오라 명하시며 만일 누가 너희에게 어찌하여 나귀를 푸느냐 묻거든 나귀 주인에게 말하라 하신 말씀으로 성경에 나온다. 딸은 실수

없이 시험에 합격하여 원하던 곳에서 근무하고 있다. 그런 딸에게 두 번의 일화가 있다.

 한번은 친구와 부산 여행을 가기 위해 오송에서 KTX를 탔는데 웅성웅성 사람들이 모여 있는 곳이 있어 가 보니 한 승객이 쓰러져 있더라는 것이다. 그래서 본인이 간호사임을 말하고 목 맥박 확인 후에 바로 응급처치하였다고 한다. 환자는 응급차에 실려 병원으로 이송됐고 KTX 직원의 호의로 일등칸으로 옮겨 부산까지 갔다고 하였다. 두 번째는 일본 오사카에 갔을 때의 일이다. 맛집으로 소문난 식당 앞에 줄을 섰는데, 바로 앞에 서 있던 아가씨가 갑자기 쓰러졌다고 했다. 도움을 청할 겨를도 없어 바로 맥을 확인하고 상태를 살폈는데 다행히 곧 의식을 찾아 안심했다고 한다.

 의료업계 최전선에서 환자와 함께하는 간호사라는 직업은 힘들다. 엄마와 달리 언어 1등급을 놓치지 않았던 딸이기에 간호학과에 간다고 했을 때 "한 번 더 생각해라."라고 몇 번이나 회유했던 이유이다. 그러함에도 간호사라는 직업은 누군가는 꼭 해야 하는 직업이고 보람 있는 직업이다. 더구나 소명으로 부르심을 받은 자라면 더할 나위 없다. 자신이 선택한 길을 가고 있는 딸을 응원한다. 이젠 딸의 등 뒤로 물러나 바라만 보아도 좋을 듯하다.

봄국

   엄마는 중국집을 운영하며 자식 뒷바라지를 하셨다. 짜장면 맛은 물론 국밥이 일품이었다. 주변에 소문이 나 효자 메뉴였다. 국밥은 돼지고기를 편 썰어 고춧가루와 대파와 함께 쇼트닝에 볶고, 육수를 넣어 끓이면서 간 맞추고, 달걀을 푼 후에 끼얹으면 된다(아마도). 쇼트닝과 돼지고기가 불을 만나 돼지고기의 얕은맛이 구수해지고 감칠맛으로 살아난다. 덕분인지, 인터넷을 보지 않고도 중국집 음식을 흉내 낼 수 있다. 연애 때 남편은 엄마가 만들어 준 깐풍기 맛에 흠뻑 빠져 있었다.

   유명 요릿집에서 만나거나, 뷔페에서 지나치거나, 동네 음식점에서 배달 오거나, 집에서 직접 만들거나, 인터넷 게시물에서 중국집 음식만 보면 엄마 생각이 난다. 나에게 중국집 음식은 모든 국이 다 슬프다고 한 시인(김영승, 〈슬픈 국〉)의 시처럼, 애잔하고 슬프다가도 고깃국처럼 기대어 울 수 있는 품이다. 봄이다.

　알싸한 겨자소스 같은 봄눈 녹은 자리에 꽃이 피었다. 봄국 한 사발씩 먹고 자란 자식이라는 꽃이.

선언하다

"이제 돌아오는 추석부터는 명절 모임 하지 마라. 음식도 하지 마라. 신경 쓰이고 힘들어. 하려거든 아버지 산소에나 함께 가든지 하고, 밥 한 끼 먹으려면 명절 전에 식당에서 사 먹자. 나 죽으면 끝인걸. 명절 지낼 필요 없어. 하고 싶으면 각자 집에서 해. 나 시집와서 명절을 60년 가까이 지냈다. 이만하면 됐어. 내가 잘한 건 너희들 아버지 죽고부터 제사 안 지낸 거랑 교회 다닌 거다. 종갓집에 시집온 날 나흘 뒤 제사를 모시기 시작했는데, 일 년에 몇 번씩 드리는 제사는 없는 살림으로 힘들더라. 교회 다니니 좋다. 우리 교회에 다니는 나이 서너 살 많은 언니랑 친구처럼 지내잖냐. 저번 코로나 걸렸을 때, 그 언니가 대문 앞에 놓고 간 음식을 가져다가 먹으려는데 어찌나 눈물이 나던지. 너희들 코로나 걸려서 못 오지, 나도 밖에 못 나가지, 많이 아프지는 않았지만 챙겨주는 사람이 있다는 생각에 눈물이 나더라."

설날, 처음으로 본가가 아닌 용인 아주버님 댁에 모인 3남매를 앞에 두고 시어머니가 말씀을 이어 가셨다.

"나는 조금만 더 시골집에서 살다가 노인 공동주택으로 가련다. 거긴 밥도 사 먹을 수 있고 외출도 자유롭다더라. 재작년에 귀촌한 ○씨 아저씨(장로님) 부인은 거기서 사는데 너무 좋다고 하더라."

시어머니의 의중은 확고하셨다. 명절을 하지 말라는 말씀에는 내심 반가운 기색을 띠었으나 공동주택으로 간다는 말씀에는 아무도 말을 잇지 못했다. 옆에 있던 시누이만이 "그것도 좋은 생각이야, 엄마."라고 말할 뿐.

시간이란 무엇인가. 사람은 흐르는 시간 속에서 많은 일을 마주한다. 꼭 해야 한다는 의무와 마음으로 지켜낸 일은 어느새 의미를 잃기도 하고 바뀌고 있다. 다른 세상이 열린다. 올해는 시어머니가 결혼하신 지 60년, 나는 30년이다. 나와 자식들과의 30년 후의 일은 미리 생각하지 말기로 한다. 그 후 명절 모임은 간소해졌으며 어머님은 시누이의 만류에 사시던 집에 계속 사신다. 이젠 농사는 그만 지어야지 하시면서도 자전거를 타고 밭에 가 약간의 농사를 지으신다. 혼자 지내시느라 적적하시지만, 소일거리 있으시고 건강하셔서 감사하다.

안간힘

표준국어대사전에서 '안간힘'의 사전적 뜻을 찾아보았다.

1. 어떤 일을 이루기 위해서 몹시 애쓰는 힘.
2. 고통이나 울화 따위를 참으려고 숨 쉬는 것도 참으면서 애쓰는 힘.

두 뜻의 상황은 다르나 '애쓴다'라는 말의 의미가 들어가는 것은 같다.

몇 년 전, 다섯 살 어린 지인의 병문안을 간 적이 있다. 두 아들의 엄마이자 다정한 남편의 아내이고 치과에서 치위생사로 근무했던 그녀는 40대 초반의 말기암 환자였다. 경계성

유방암이 재발한 것이다. 병의 진행 속도를 못 막아 병이 깊어졌다. 입원 초기만 해도 얼굴이 일그러지고 다리의 힘은 풀려 휠체어에 몸을 의지하고 있었음에도 희망을 놓지 않아 밝았던 그녀인데, 상체도 일으키지 못하고 누워 있었다.

병실 안으로 들어서자 우리를 알아본 그녀가 반기며 말했지만, 목소리가 잘 나오지 않아 간병인 도움으로 의사를 전달하고 있었다. 정상적인 대화가 어려웠다. 그녀 곁에 가깝게 앉았다. 이불 속으로 손을 넣었다. 여름이 다가오는 계절인데 그녀의 발과 몸은 무척 차가웠다. 그러다 침대 난간을 꼭 쥐고 있는 손을 발견했다. 손을 만져 보았다. 차가웠다. 풀어 쥐어 보려고 하였으나 풀리지 않았다. 얼마나 꼭 힘을 주고 있는지 포기해야 했다. 간병인은 중간중간 석션을 해주었다. 의사 표현이 어려운 말을 간병인이 대신 말해 주었다. 그래서 우리는 일방적인 위로와 농담 그리고 눈을 바라보는 것으로 안부를 묻고 마음을 나눴다.

'안간힘'이란 말의 힘과 아픔을 함께 느꼈던 시간이었다. 그녀는 안간힘으로 절대의 고통을 참고 있었으며 신음을 삼키고 있었다. 그리하여 주변인들이 받을 아픔을 덜고 있었다.

평소 남에게 폐 끼치는 것을 싫어하는 그녀다운 행동이라고 생각하니, 마음이 오래도록 그 시간에 머물렀다.

　살면서 우리는 안간힘을 쓴다고 표현할 때가 있다. 놓는 것이 사는 방법이라는 말이 있지만, 그녀의 '안간힘'은 아직 살아있음이요, 배려다. 차가워진 몸을 데우는 따뜻함이다. 장례식이 있던 날, 우리는 목 놓아 울었다. 이젠 안간힘을 내려놓게 되었으니 편히 쉬길 바랐다. 그녀가 잠시 머물다 간 자리, 우리가 흔히 이 세상이라고 말하는 곳에서 무엇을 위해 애를 쓰고 있는가. 어떤 것을 위하여 안간힘을 쓰며 살고 있을까.

커피 한 잔 마시는 순간에도 사람은 변한다

몇 해 전, 초대하지 않은 갱년기가 찾아와서 문을 두드렸다. 열어주지 않은 문을 열고 흙발로 들어와 이 방 저 방 들락날락 당황하게 했다.

갖가지 증상들이 나타났다. 더운 날씨가 아닌데 열감이 느껴지고 땀이 흘렀다. 살이 찌고 감정 기복이 심해졌다. 다른 사람 말과 행동이 재해석되어 신경이 쓰였다. '50이 넘으면 인격은 사라진다.'라는 말이 있기는 하지만, '내가 이렇게 나쁜 사람이었나.' 하는 자괴감을 느낄 정도로 예전에 알던 내가 아니었다. 더 안 좋아지는 걸 방지하려면 운동은 필수였다.

오래 유지하던 짧은 단발, 즐겨 입던 A 라인 치마, 얌전한

성격 등 나 자신이 지루했다. 착하고 분위기 있어 보인다는 말이 답답하고 거부감으로 다가왔다. 알고 보면 착하지만은 않은데. 그래서 변하고 싶었다. 치마보다 바지를 입었다. 머리카락을 짧게 잘랐다. 일을 잘하려고 하거나 좋은 사람이 되려는 마음의 무게를 가볍게 했다. 나와 다른 사람들에게 있는 기준과 기대를 낮추고 줄였다. 아침마다 거울을 보며 스스로 존중하고 사랑하자고 말했다. 주어진 하루를 감사의 마음으로 살자고 기도했다. 하는 일에 몰입했다.

면역력이 생겼을까. 또 다른 봄이 오려나. 예전의 나처럼 머리카락을 조금만 더 기르고 싶고 치마가 입고 싶었다. 머리카락을 길렀다. 치마를 샀다. 도서관에서 유머 관련 도서가 눈에 들어왔다. 그동안 썰렁하다고 멀리했던 유머를 주고 싶었다. 3분이면 행복해진다는 유머 이야기. 긴장된 생활에 주는 유머는 행복이고 웃음이라고 읽으며 도서를 대출했다. 어릴 적, 겨드랑이 간지럼에 깔깔대고 웃던 순간의 느낌으로. 유머와 웃음이 나의 일상이 된다면 좋겠다는 생각만으로도 설렜다.

책을 읽었어도 체질상 유머 구사는 어렵지만, 가볍게 반응할 마음의 문이 열렸다. 시간이 지날수록 나와 다른 것들에 부드럽게 반응할 밥 한 공기의 힘이 생겼다. 갱년기라는 터널을 지나고 있는 사람들아, 웃을 일 없는 별것 아닌 것에 유머를 찾아 웃자. 나를 위해 웃자. 활짝 웃자.

자유롭고 즐겁고 호젓하게

체코 프라하 시내의 작은 성당 뜰. 크리스마스 마켓이 한창 펼쳐지고 있었다. 상점마다 먹거리와 수공예품들이 즐비했다. 발길 따라 눈길 따라 구경하다 그릇을 파는 상점 앞에 멈췄다. 그때까지만 해도 여행 간 기념으로 그릇 사 모으는 취미가 있었다. 다기가 눈에 들어왔다. 주전자 위쪽에 그려진 무늬가 예뻐 보였다. 잔이 하나지만 디자인이 마음에 들어 구매했다. 오롯이 나만의 시간에 사용하기로 했다.

혼자 차를 마실 때 종종 사용한다. 찻물을 목에 넘기며 혼자인 시간을 즐긴다. 카를교 위를 자유롭고 즐겁고 호젓하게 걷는 상상을 하면서.

나를 나누는 공간

'○○○ 님의 계정이 영구적으로 삭제될 예정입니다.'

잠시 쉬려고 비활성화해 놓았던 페이스북 계정이 삭제 안내 메일이 온 날 사라졌다. 지금 로그인하지 않으면 며칠 후 사진과 계정이 영구적으로 삭제된다는 구글 메일을 받고 로그인했으나 복구가 되지 않았다.

무슨 일인가. 사용하던 페북 계정을 떠나보냈다. 담겨 있던 추억의 잔상들도. 어쩌면 그 속에서 만나고 알아가던 사람들조차도. 당황스러웠다. 복구하려고 애를 써 봤으나, 한편으로는 여러 정보로 피로하던 머리가 가벼워졌음을 느꼈다. 페북, 그 속에도 오해와 시기, 슬픈 죽음의 이별이 있었다. 자기 검열과 타인의 검열이 신경 쓰였다. 불편한 뉴스처럼 마음에 들지 않는 게시물이 올라왔다. 타고난 성실로 올리던 내 게시물들이 나를 피곤하게 했다. '이참에 그만둘까? 홀가분하기는 하네.' 하다가 글과 그림 기록으로 사용하던 계정이 아까웠다.

  사람마다 관심사가 다르다. 읽은 책이나 영화, 전시 관람 등의 후기를 들어줄 가족이나 친구들은 바쁘고 말한다 해도 어떤 부분은 지루해할 것 같아 소통할 공간이 필요했다. SNS는 나에게 번뜩 떠오른 글의 저장소이자 종이책과 다른 시집이며, 그림 갤러리이고, 잡문을 기록한 공책이고, 수많은 문화 관련 소식과 정보를 얻는 공간이기도 하다. 그래서 다시 시작했고 방금 떠오른 생각이나 그린 그림, 산책길에 찍은 사진과 단상을 남기고 나눈다. 언제까지 계속할지는 모르겠지만, 쌓인 기록은 지금 이 책처럼 책을 만드는 자료로 쓴다.

나에게 힘을 주는 한 문장

한 문장으로 하루를 버틴다는 사람이 있었다. 몇 해 전 작고한 이외수 작가이다. 그의 얘기를 처음 들은 건 오빠를 통해서다. 소설 얘기를 나누다 그에 대한 에피소드를 들었다. "이외수 작가는 알코올중독을 끊기 위해 스스로 방에 들어가 나올 수 없도록 밖에 못을 박으라고 했다."라고 한다. 원인이야 어떠하든 망가져 가는 몸을 스스로 일으키려는 몸부림이었을 것이다.

그는 미술학도였지만 학비가 필요해 강원일보 신춘문예에 응모하여 당선된 후로 작가의 길로 들어섰다. 형편이 가난한 고학생으로 휴학과 복학을 반복하다 휴학 횟수가 학교 규정에 어긋날 정도로 많아지자 반강제로 중도에 학업을 포기하였다고 한다. 당시 학력 지상주의였던 우리나라에서 작가의 길 걷기란 척박하였을 것이다.

소설 흥행 이후로 그를 지지하는 사람이 많았지만 시기 또한 있었기에 이에 따른 질투와 야유가 늘어났다. 어쩌면 내면 깊이 뿌리박힌 열등감이 솟구쳤다가 가라앉는 일이 반복되었을 터. 이상은 고결하여 그가 바라보는 정치와 사회는 아직 안개 속을 달리는 차 안 같아 편히 잠 못 들게 했을 것으로 짐작한다.

그는 한 문장에 해설을 붙이는 식의 《불현듯 살아야겠다고 중얼거렸다》(해냄, 2019)를 내면서 하루 한 문장으로 하루를 버틴다고 말했다. 깊은 상처와 고통은 술과 고함으로도 버티기 힘든 통증이다. 병약하고 상처 많은 하루를 버티던 어느 날, 불현듯 살아야겠다고 중얼거리며 글을 썼다고 한다. 막힘없는 숨을 쉬기 위하여, 위로를 주기 위하여.

아픔을 이겨 내거나 성공했다고 말하는 사람들에게 종종 듣는다. "성경 말씀 한 구절이 이끌었어요.", "말 한마디가 나를 살렸어요.", "대사 한 마디가 변하게 했습니다."라고. 관심을 가지면 처음과 결말을 잇는 핵심적인 한 문장이 들린다. 나의 일상에서 보거나, 들어서 각인된 섬광 같았던 문장은 무엇이 있을까. 《불현듯 살아야겠다고 중얼거렸다》에서는 "나는 얼마나 미약한 존재인가"를 택했고 내 인생의 성경 말씀은 '스바냐 3장 17절'이니 이 무슨 아이러니 또는 이 얼마나 완전함이란 말인가.

> 너의 하나님 여호와가 너의 가운데에 계시니 그는 구원을 베푸실 전능자이시라 그가 너로 말미암아 기쁨을 이기지 못하시며 너를 잠잠히 사랑하시며 너로 말미암아 즐거이 부르며 기뻐하시리라 하리라
>
> — 스바냐 3장 17절

우호적인 무관심

우리는 낯선 관계보다 친해졌거나 가깝다고 생각한 관계에서 심리적 경계가 풀어졌을 때 문제가 발생하는 경우가 많다. 관계의 유효 기간이 끝났다고 보기 이전에 한 번쯤 생각해 볼 문제다. 상대가 어떤 문제를 상의해 온다거나 처한 상황을 토로할 때, 또는 도움을 청하지 않았는데도 상대방의 입장은 고려하지 않고 충고한다거나 마음에 잠재되어 있던 말을 불쑥 쏟아낼 때가 있다. 비록 부드러운 말투라 할지라도 그 말을 들었을 때 느꼈을 당혹감이 어디 상대뿐이겠는가. 말한 사람도 '내가 너무 심한 말을 한 거 아니야?' 하며 선의로 했던 말 중에 선 넘은 말을 모은다.

나의 경우는 공동체가 우선시되는 일에 있어서 의사 표현을 할 때 더 그렇다. 내 생각과 상대의 의견이 다르면 호응 없는 솔직하고 단호한 말을 했다. 그래서인지 숲을 우선으로 생각하느라 나무인 관계를 잃는 경우가 있었다. 문제와 별개로 상대와 잘 지내면서도 관계를 무한정 신뢰하는 오만함과 내 중심적인 사고에서 비롯된 일이다 보니 결과는 유리장처럼 깨지거나 실금이 되어 반창고가 여기저기 붙는다. 이 세상에 다 맞거나 영원한 것은 없는데도 옳다 싶은 말을 못 참는다. 그럴 때 혀는 가슴보다 앞줄에 선다.

〈박원숙의 같이 삽시다〉란 TV 프로그램에 배우 김혜자 님이 출연한 적 있다. 반갑게 인사하며 박원숙 님의 "언니는 왜 집에만 있고 사람들을 만나지 않느냐."라는 질문에 김혜자 님이 "작품 할 때는 바쁘고 안 할 때는 아프리카 선교를 가기도 하는데, 사람을 만나면 자꾸 말실수한다. 그러면 그런 나에게 상처받고 힘들어서 혼자가 좋다."라는 말을 했다. 다음으로 했던 박원숙 님의 말은 기억나지 않으나 김혜자 님의 말에 공감이 갔다.

나 또한 '그때 그 말을 왜 했을까. 왜 그런 상황에 엉뚱한 말을 했지.' 하고 예민한 기질에 조바심이 더해져 후회의 시간을 보내기도 했다. 십여 년 전, 이와 반대로 상대의 솔직함 때문에 잡았던 손을 놓은 적이 있다. 당시 나는 참을 수 없는 존재의 가벼움을 느꼈었다. 내가 믿는 신과 나와 관계하는 사람들의 존재가 부정당하는 느낌이 들었다. 이토록 느낌이라는 건 참 무섭다. 20년 인연을 갈라놓을 수 있으니. 지금 같으면 '나를 사랑해서 그러는구나.' 하고 애정의 말로 들릴지 모르지만, 그땐 그랬다. 일어날 일은 일어날까. 되돌릴 수 없는 일이 일어났을 때 '네가 두려워하는 것은 무엇이니?' 물어보는 마음은 무겁지만, 컵에 담을 수 없는 물을 보는 것 같아 마음을 가벼이 다독인다. 그러함에도 만날 사람은 만난다는 말이 있다. 그리 아니 한 사람은 어찌할 수 없고. 이럴 때 '시절 인연'이란 말은 슬프지만, 위로를 준다.

발간되는 책의 제목을 보면 그 시대의 경향을 읽을 수 있다. 책 제목 한 줄만으로 독서가 끝나기도 한다. 그러한데도 10여 년 전에 발간한 최유정의 《우호적인 무관심》(바람의 아이들, 2012)이 아직도 눈길을 끄는 이유는 내 생각에 힘을 더하기 때문이다. 나와 다른 사람의 차이를 존중한다는 것은 쉽지 않은 일이다.

책 제목 하나로 동지를 얻은 기분이다. 상대의 입장을 다 이해하려면 그 사람의 신발을 신고 걸어 봐야 안다는 말이 있다. 그러니 다 모른다. 나 자신도 힘든데 나 이외의 누군가를 변화시키거나 바꾸려는 조언과 충고는 자칫 관계를 허물 수 있으므로 '그런 일 있었구나, 네 마음은 어떠니, 어떻게 했으면 좋겠니?' 등의 말로 그대로 보아주고, 들어주고, 알아주어야 하지 않나 싶다. 잘 될까. 모르겠다.

내가 할 수 있는 일은, 살면서 드러나는 나의 연약함을 알고도 여전히 포근한 얼굴로 곁에 있는 사람이 누군지 아는 것이다. 그런 귀인 같은 사람을 찾아 사랑하는 데 관심을 표현하는 일이다.

집중된 화력으로 세상의 정면을 향하여

도서관 북페스티벌 '내 인생의 책 한 권' 코너에 지역작가 자격으로 참여해 줄 것을 의뢰받았다. 책을 추천함과 동시에 책 속의 인상적인 문구를 보내면 캘리그라피 작품으로 제작 전시한 후 추천인에게 선물로 준다고 했다.

집 책장에 있던 책을 펼치며 고민 아닌 고민을 했다. '어떤 책을 고를까. 나에게 큰 영향을 준 책은 무엇일까. 나는 요즘 어떤 생각을 하고 있었지.' 하며 내 안의 나에게 질문하였다. 여러 책 속의 좋은 문구가 후보에 올랐지만 이처럼 강렬한 문구가 없다는 생각에 책을 선택하였다.

문구: 집중된 화력으로 세상의 정면을 향하여.

추천 책: 김훈 《칼의 노래》(문학동네, 2012)

추천 이유: 《난중일기》 내용을 바탕으로 충무공 이순신이 백의종군하던 시점부터 전사할 때까지 다룬 이야기로 처한 정세와 현실에 고뇌하는 한 인간으로서의 이순신을 엿볼 수 있습니다. 첫 문장 "버려진 섬마다 꽃이 피었다."로 시작하는 글의 문체가 뛰어나 작가 지망생들의 필독서요, 필사 책으로 유명합니다. 영화 〈명량〉(2014)에 이어 얼마 전 〈한산〉(2022)이 개봉되었습니다. 이 즈음하여 이미 읽었다면 한 번 더, 아직 읽지 않았다면 꼭 한 번 읽어보시길 권합니다.

김훈의 소설은 인물의 인간적인 면모를 엿볼 수 있는 시대적 고민과 성품을 세밀하게 표현하고 소설 인물에 따라 문체가 조금 다르다는 게 특징이다. 칼끝처럼 짧고 예리한 문장의 《칼의 노래》(문학동네, 2012), 현악적 문장의 《남한산성》(학고재, 2017), 담담한 문장의 《하얼빈》(문학동네, 2022)이 그렇다. 모두 추천하기에는 충분하지만 "집중된 화력으로 세상의 정면을 향하여." 이 문구가 밝게 들어와 선택했다.

책을 추천할 즈음 나를 돌아보면, 동굴 안에 들어가 은둔 겨울잠을 자는 동물처럼 보였다. 외출이 자유롭지 못하던 코로나 시기이기도 했지만, 삼삼오오 정기적으로 만나는 모임이 없고 친구나 가까이 지내던 사람과의 만남도 뜸했다. 그림은 혼자 그리는 것이니 그럴 수 있겠구나 싶었으나 세상과 나와의 연결고리가 선명하게 보이지 않아 마음이 움츠러들 때가 가끔 있었다. 그래서 적극적인 삶을 살고 싶은 내게 딱 맞는 문구라 생각했다.

  세상으로 나갈 용기가 필요한 사람이 어디 나뿐이겠는가. 보호 종료 아동, 종일 텔레비전 앞에서 시간 보내는 독거노인, 돌봄 받는 환자, 시험 준비하는 고시촌 젊은이, 육아하는 주부 등에 비하면 나의 경우는 어리광과 투정이었다는 생각이 든다. 지금 어딘가에서 혼자라는 이름으로 사는 사람들에게 응원한다고 말하고 싶다. 집중된 화력으로 세상의 정면을 향하여 고개를 들고 두 팔을 들어 양 날개를 펴보라고. 두세 명은 안을 정도의 가슴을 가진 당신이야말로 누군가의 영웅이며, 꿋꿋이 살아가고 있는 당신이 소우주 아니냐고.

  여든에 가까운 어르신이 벤치에 앉아 팝송 〈Beautiful Sunday〉(Daniel Boone)을 목청 크게 부르시던 모습, 앞을 응시하면서도 귀에 이어폰을 꽂고 아이스아메리카노 마시던 어르신, 아흔이 넘은 연세에 아파트 앞 산책로의 쓰레기를 치우며 가꾸시는 모습, 운동 기구 타시는 어르신, 모자 쓰고 책을 읽으시는 어르신, 평상 위 수다와 바둑과 장기에 열중하는 어르신들 그 모습 그대로 가경천 산책길에 본 정면을 향한 모습들이다.

별은 바라보아야 내 별이 되고, 꽃은 찾아야 볼 수 있다. 치유와 위로의 말이 물릴 때쯤 나도, 당신도 집중된 화력으로 세상의 정면을 향하여 가면 좋겠다.

나는 지금 꿈꾸는 계절에 살고 있습니다

뽀드득뽀드득

까치가 지나가고
비둘기가 지나가고
길고양이가 지나가고
사람이 지나가고
강아지가 지나가고

사이사이 바람이 지나가고
마른 단풍잎 거니는
눈 내린 날

이 세상을 사는 동안

　　내가 기억 못 할

　　한아름의 친절만이라도

　　아무런 대가 없이

　　베풀고 갈 수 있다면

　- 〈달팽이 발자국〉

　친구들과 청남대 국화축제에 갔다. 별장, 대청호, 잘 가꾼 숲, 축제 조형물 들을 차례로 보고 걷고 즐기며 내려오는 길에 '대통령역사문화관' 안에서는 한지에 사자성어 가훈 써 주기 행사가 한창 진행되고 있었다. 이런 공짜 행사는 그냥 지나치려고 하면 갈등이 생긴다. 우리 중에 누군가 먼저 줄에 섰고 나도 뒤를 이어 섰다.

　드디어 내 차례가 왔다. 붓을 든 어르신께서 써 주기 원하는 사자성어를 말하라고 하시기에 "사랑이라는 말이 들어가는 사자성어로 했으면 좋겠다."라고 말했더니 내 얼굴을 살피듯 바라보시고는 손가락으로 책장을 짚으시며 '이거'로 하라고 하셨다. 그 사자성어가 **積善餘慶**(적선여경)이다. 뜻을 찾아

보니 '선한 일을 많이 한 집안에는 반드시 남는 경사가 있다.' 라는 뜻이고 착한 일 많이 한 결과로 경사스럽고 복된 일이 자손에게까지 미친다는 말이다. 《주역》의 〈문언전(文言傳)〉에 나오는 말이다.

  사랑과 선한 일. 연관성이 있다 싶기는 하지만 '일'이라는 말이 들어가니 과업처럼 느껴졌다. 요즘은 시대가 변하여 덕과 덕이 있는 사람을 알아보는 사람이 적다. 착한 사람을 호구나 바보로 명명하여 부르기도 한다. 다음 세대는 결혼하지 않고 자식도 낳지 않으니 사자성어에 따른 자손을 위해 선한 일을 할 필요를 못 느낀다. 발간되는 책마다 하나같이 나를 먼저 소중하게 생각하고 아끼며 살라 한다. 그래야 한다. 내가 먼저고 나 잘사는 것이 남도 살리는 일이기도 할 테니까. 하지만 나 먼저 생각하느라 시기와 혐오와 이기주의로 넘어가는 건 경계해야 한다. 나를 살리려다 나와 남을 넘어지게 할 수 있으니. 집에 와 종이를 몇 번 접어 서랍장 안에 넣어 두었다. 크기가 크고 화선지 채로 벽에 붙이기 힘들었기 때문이다. 이사하는 과정에서 사라졌을까. 어디로 갔는지 지금은 없다.

평소 나는 일복 많다는 소리를 들었다. '일복 있잖아요.', '일복 많잖아.' 일할 때는 몸 사리지 않고 즐겁게 해서 맞는 말이기는 하지만, 듣기에는 썩 좋은 말이 아니다. 나도 돈복이 있다는 소리가 좋고, 일이 눈에 안 보였으면 좋을 때가 있다. 그런 내가 요즘 자주 듣는 말은 '어쩜 그리 재주가 많으냐.'라는 소리다. 학교 다닐 때 전공하지 않은 그림을 그리고 시집을 발간하여 활동하는 모습을 보고 한 말이다. 재주도 일복일까? 일복이 재주로 옮겨 갔을까? 뭐 어떤가. 이기적인 내가 '나는 그동안 선한 일을 얼마나 했는가.'를 되돌아본다. 자발적 선한 동기로 남을 위해 한 일을.

사자성어를 떠나서라도 지금 하는 일이 씨앗이 되었으면 좋겠다. 사랑으로 가꾼 글과 그림의 꽃밭이 오색으로 물드는 상상을 한다. 사랑에는 선한 일이, 선한 일에는 사랑이 족하게 담김으로.

나의 노래

우리 지역 CBS 라디오 프로그램에 출연한 적이 있다. 연이 닿은 것은 페친이면서, 나눔사역 하시는 B 목사님 소개 덕이고, 방송 체질이 아니어도 마다하지 않은 결정 때문이다. 담당 PD님에게 '사전 인터뷰 원고 보낼 때 좋아하는 찬양 두 곡 정해 보내 달라'라는 요청을 받았다. 찬양곡이라. 내가 좋아하는 곡은 많고 듣는 곡은 날마다 그때그때 다르지 않던가. 나는 미련 없이 두 곡 중 하나는 당시 심정에 맞는 곡을 선택하였고 나머지 한 곡은 다른 사람이 보기에 나와 어울린다고 생각하는 곡을 정해 보내기로 하였다.

나는 어떤 노래로 불리고 있을까. 교회 소그룹 단톡방에 내가 평소 즐겨 듣던 몇 곡을 올린 후 그중 나와 어울리는 곡 하나를 선택해 보내라고 부탁하였다. 가사는 아름답지만, 가사처럼 살기엔 쉽지 않은 노래. 그래서 제목이 '소원'인, 나와 어울리는 곡을 선택해 달라고 부탁해 놓고도 올라오는 부끄러움은 온전히 내 몫인, 다수가 선택한 곡이 한웅재 목사님의 〈소원〉이라는 곡이다.

신앙생활을 하더라도 영적 목마름이 있었던 과거에는 송명희 시인의 시가 담긴 〈나(공평하신 하나님)〉 곡을 들었다. 근래에는 '시와 그림'과 손경민 목사님의 곡을 즐겨 듣는다. 가사와 멜로디가 당겨서이다. 내일은 또 어떤 찬양을 듣게 될까. 나는 또 어떤 노래를 만들어 부르게 될까. 나의 노래는 계속되고 있다.

제3부

그림이 내게 다시 왔다

꽃은 꽃밭뿐 아니라

물속
보도블록 틈
쓰레기더미 옆
굽은 가지
캔버스 위

어디든 핀다

꽃이 있으면
보는 사람마다
얼굴이 환하다

활짝 피어라

꽃씨를 품은 당신이
기적이다

- 〈꽃의 기적〉

보고 싶은 얼굴

"어머나, 내가 그 학원 소속 사범대학 나왔잖니."

전학 소식을 들은 선생님은 매우 아쉬워하시며 전학 갈 학교의 이름을 물으셨다. 학교 이름을 들은 선생님은, 선생님 이름이 적힌 쪽지를 주시며 전학 갈 학교 미술 선생님께 보이라고 하셨다.

나는 중학교 2학년 말에 충남 청양의 산골 중학교에서 충북 청주시에 있는 학교로 전학을 왔다. 전학 오기 전까지 미술반 활동을 하였다. 나 같은 초보부터 큰 대회 나가는 실력 있는 아이까지 미술에 소질 있어 보이는 학생들로 구성된 교내 미술반이었다.

"응, 그렇게 물감이 자연스럽게 흐르는 기법이 좋은 거야. 아니, 억지스럽게는 말고."

방과 후, 학교 앞 다리 위에서 미술반 아이들에게 풍경화 그리는 법을 지도하시던 선생님께서 내 등 뒤에서 하신 말씀이다.

"테라코타가 뭔지 아는 사람? 종화는 뭔지 알겠니?"

선생님은 수업 시간마다 이름을 부르시며 질문하셨다. 정물화 그리기 시간에는 얼굴이 빨개질 정도로 구도에 대해 칭찬하셨다. 다른 교과 선생님도 예뻐해 주셨지만, 특히 굵은 뿔테 안경 속 선생님의 따뜻했던 눈길은 내가 사랑받고 있다는 확신이 들기에 충분했다.

그림에 대한 기억을 떠올린다면 초등학교 때로 거슬러 올라가야 한다. 나는 어려서부터 몸이 허약했다. 온몸에 파랗고 붉은 실핏줄이 보이는 이란성 쌍둥이 미숙아로 태어났다. 같이 태어난 아이는 돌 지나도록 걷지 못하더니 하늘나라 갔다고 한다. 초등학교 저학년 동안 결석이 잦았고 야외 활동이 힘들었으며 잠자고 일어나 보니 코피가 얼굴에 흥건하여 식구들이 놀란 적도 있었다. 5학년이 되어서야 겨우 결석하지 않고 학교생활에 적응할 수 있었다. 태어나 처음으로 상을 받았던 기억은 초등학교 5학년 때다. 교통안전에 대한 포스터 그리기 대회였는데, 학창 시절 통틀어 처음이자 마지막으로 전교생 조회 시간에 내 이름이 불리며 받은 상이다.

전학 온 날 낯선 학교생활에 적응하느라 선생님께서 하신 말씀은 까마득히 잊었다. 학교에 처음 간 날 교무실에 들어서면서 모든 것이 백지처럼 변하였다. 각반마다 교과서 본문을 외우는 영어 암송대회와 교과별 시험이 매주 있었다. 매일 숙제가 있었다. 몇 아이들은 이미 발레나 악기, 운동 등 앞으로의 진로를 정해 놓고 입시를 준비하고 있었다.

중학교 3학년이 되자, 부족한 부분을 채우며 열심히 공부했다. 좋은 성적으로 여고에 들어갔다. 입학하자마자 대입 준비를 위해 야간자율학습이 시작되었다. 어느 날, 같은 반 아이가 자습하지 않고 집에 갈 준비를 하길래 물어보니 미대 입시를 위해 학원에 간다고 했다. '아, 나도 그림을 그리고 싶었었지.' 집에 와 "엄마, 나 미대에 가고 싶어. 미술학원에 보내

주면 안 돼?"라고 말했다. 가정 형편상 불가능한 일이라는 걸 알면서도 말이라도 하고 싶었다.

그 시절 나를 위로한 것은 대중음악과 전학을 오기 전 친구들과 주고받는 편지였다. 하교하여 집 대문 앞에 도착하면 흰 편지 봉투가 우편함에 있는지 살피는 것이 습관이었다. 라디오를 들으며 편지를 읽고 썼다. 대학에 갔다. 학교 교정에서 화구 가방을 든 학생을 보면 부러움이 금세 올라왔다. 학교 축제 때 의상학과에서 발표하는 패션쇼를 맨 앞자리에서 빛나는 눈으로 바라보았다. 시내에서 아르바이트할 때 일이다. 심부름하느라 길을 가고 있는데 제과점 밖에서 유리창 안을 들여다보고 있는 운보 김기창 화백이 보였다. 운보는 젊은 동행인과 가게 안을 구경하고 있었는데, 순간 '사인을 받고 싶다.'라는 마음의 소리가 났으나 하지 못했다. 나는 멈춰 서 있던 시간만큼 바삐 일하는 곳에 가야 했다. 그때 운보는 흰색 모시 적삼에 새빨간 양말을 신고 있었다.

학교 졸업하고 취업을 하였다. 그림이 그리고 싶었다. 매일같이 꼭 붙어 다니던 친구와 집 앞 화실에 갔다. 교육비를 물었다. 그때 돈으로 교육비만 8만 원이었고, 내 월급은 25만

원이었다. 지금 생각하면 그때 시작했으면 됐는데 이상하게도 미래 계획 때문에 좀 버겁다는 생각이 들어 '이제 진짜 끝이야. 아무 미련 없어.'라는 마음으로 포기했었다. 때가 아니었지 싶다.

그 후, 화가가 꿈이라는 생각은 감쪽같이 사라졌다. 그림 관련 예술을 즐기는 것으로 만족스러웠다. 예술가들을 사랑스럽게 바라보는 눈이 되었다. 아이들 방학 때면 서울에서 하는 전시회 가고, 지역 예술가들의 작품을 감상하며 지냈다. 지나고 보니, 비록 고등학교 때 꿈이었던 화가는 안 되었어도 예술에 관심 두며 살게 된 건 중학교 때 선생님 덕분이다.

주변에 사람들이 있지만
그 사람 아니면
안 되는 얘기가 있어서

그렇다고 억지로 찾을 것까지는 없고
만나지 않아도 계절은 가고
그저 마음속 귀퉁이에 놓고
문득 생각날 때나 안개 걷히듯 떠오를 때

꺼내 볼 수 있는 사람

맛이 변했다고 타박하지 않고
입맛이 바뀌었다고 외면하지 않고
그때의 말투와 억양으로
오래 보고 싶었다고
너도 잘 지내고 있었냐고 하면서
뚜껑을 여는

- 〈가을 인사〉 중

잘 익은 예술은 상처의 안과 밖을 잇는 사랑이고 치유이다. 고단한 마음을 달래는 병원 약과 같은 효과가 있다. 우리가 고흐나 모차르트, 이중섭이나 파바로티 이름만 들어도 따스함이 전해 들지 않던가. 그 아름다운 세계를 보게 해주신 선생님과의 만남은 어느덧 40년이라는 시간이 흘렀다. 지금 어디에서 어떤 모습으로 살고 계실까. 나의 가슴 언저리에 남아있어서 가끔은 보고 싶은 얼굴, 그리움으로 표현하기에는 너무 밝아 빛이 나는 얼굴. 선생님이 가끔 보고 싶다.

휴대폰 속 알고리즘

　사진을 찍거나 검색하였을 경우 관련 정보나 광고가 휴대폰에서 보이는 경우가 종종 있다. 우연의 일치일 때가 있지만, 개인 관심사 정보가 데이터로 남아 인터넷 시장 정보로 활용되고 있다. 알고리즘 위력이 생활 깊숙이 파고들어 소비 시장을 움직이고 있다. 신기하다가도 조금 무서운 생각이 든다. AI가 예술 영역까지 파고든 요즘, 빠르게 흐르는 시간 속에 미래를 예측하고 살기란 쉽지 않다.

　내 나이 막 오십에 들어설 때쯤 TV 프로그램 〈인간극장〉은 물론 유튜브에서 뒤늦게 그림 그리기에 푹 빠진 사람들의 이야기를 보게 되었다. '나도 한때는 화가를 꿈꾼 적이 있는데…' 시간이 지날수록 그림을 그리고 싶다는 마음이 강하게 들었다. 마침 집에 다○○에서 사 온 메모판이 있었고 아크릴물감 세트가 집에 있었다. 아크릴물감은 알고리즘에 의해 광고가 떴고 '나도 그림을 그려야지.' 하고 클릭해 사 놓았었다. 아이들 학교 다닐 때 쓰던 붓으로 밑그림을 그렸다. 구도에 맞춰 꽃대를 세우고 색칠하였다. 일러스트 느낌의 보라색 개양귀비꽃 그림이 완성되었다. 아이들과 남편에게 그림 어떠냐고 물었다. 좋아 보인다고 하였다. 그럼 계속해서 그려도 되겠냐고 말하니 모두 하라고 하였다. 새로운 일을 시작할 때는 항상 선택이라는 문제가 먼저 다가온다. 일을 시작하기 전에 돌다리 두드리듯 겁부터 먹는 일이 있는 반면에 어떤 일은 즉시 시행하기도 한다. 그림을 시작하려고 마음먹으니 바로 실행되었다.

  집에서 초등 독서수업 두 팀을 맡아 하고 있었다. 가끔 동시 특강 요청이 들어오는 경우가 있었는데, 수업이 없는 날 짬짬이 책과 유튜브 영상을 보며 공부하였다. 그러다 미술학원에서 소묘와 색연필 그림에 대해 몇 달 동안 수업을 들었다. 작은 캔버스를 온라인으로 주문해 계속 그림을 그렸다. 코로나19 사태가 발생하였다. 수업이 멈추었다. 세상을 향해 밖으로 난 길은 막히고 집에서만 지내야 했다. 우리는 각자 일하면서도 코로나 사태를 함께 견뎌야 했다. 하지만 오히려 그 기간이 하고 싶을 것을 마음껏 하는 시간이었다. 교회는 현장 예배가 멈추었고 친구뿐 아니라, 친인척과도 왕래가 사라졌으니 집안일 하고 남는 시간은 산책하고 시 쓰고 그림을 그렸다.

  그림을 계속 그리다 알게 되었다. 머릿속 이야깃거리로 소란스러울 때나 할 일 없이 시간을 보내야 할 때 그림 그리기는 마음의 안정과 시간의 결과물을 안겨다 준다는 것을. 그림이 완성되면 SNS에 올렸다. 진심 가득한 응원을 들었고, 좋아해 주셨고, 지인 몇 분이 그림을 구매하였다. 그림 판매는 격려와 함께 그림 그리기를 지속할 힘을 주었다. 창작자나 향유자 모두 위로와 기쁨을 나눴다. 그린 그림의 수가 늘어나면서 그림 실력이 어떤지 평가받고 싶었다. 그래서 전국 공모전과 충청북도 미술대전 공모에 응모하여 입상하였다.

사람을 품는 '꽃의 위로'(2022)

전대미문의 코로나19 대유행으로 힘들어하던 때가 지나간 듯싶지만, 아직 후유증은 가시지 않았고 현재도 계속되고 있다. 팬데믹 동안 우리는 여러 가지 어려움과 고통을 겪었고 함께 힘들어하였다. 그 아픔들을 ChatGPT에게 물어보았더니 아래와 같이 대답하여 주었다.

> 건강 위험:
>
> 코로나19는 전염성이 높은 바이러스로, 감염되면 심각한 건강 문제를 일으킬 수 있습니다. 많은 사람들이 바이러스에 감염되고 코로나바이러스 질환이 있는 사람들은 중증 폐렴, 호흡곤란, 다기관 부전 등과 같은 심각한 합병증에 직면할 수 있었습니다.

사회적 고립:

사회적 거리두기와 관련하여 많은 사람들이 가족, 친구, 동료와의 직접적인 접촉을 피해야 했습니다. 이로 인해 사회적 고립과 외로움을 경험할 수 있었습니다. 일상적인 활동의 제한으로 인해 우울감과 불안감이 증가하였습니다.

경제적 어려움:

코로나19 대유행으로 인해 많은 사람들이 일자리를 잃거나 수입이 감소했습니다. 일부 산업은 정지되었고, 많은 사업체들이 문을 닫았습니다. 이로 인해 많은 사람들이 경제적 어려움을 겪었고 생계유지에 어려움을 겪게 되었습니다.

교육적 문제:

학교와 대학 등 교육 기관의 잠정적인 폐쇄로 인해 수많은 학생들이 원격 교육 방식으로 전환해야 했습니다. 이로 인해 학생들은 직접적인 교사와의 상호작용과 직접적인 학습 경험의 부재로 인해 학업적 어려움을 겪을 수 있었습니다.

> 정서적 스트레스:
>
> 대유행으로 인한 불안, 스트레스, 불확실성 등은 많은 사람들에게 정서적인 부담을 주었습니다. 건강 상태와 경제적인 문제에 대한 우려, 사회적 고립, 취업의 불안 등은 많은 사람들의 정신적인 건강에 부정적인 영향을 미쳤습니다.

ChatGPT가 말하였듯이 코로나19가 인간에게 미친 심각성을 충분히 알 수 있다. 이렇듯 우리는 불안과 공포 속에 힘든 시기를 보냈다. 사회적 고립이라고 할 수 있는 시간을 보내면서 그림 그리기는 속도를 냈다. 다시 오기 힘든 몰입의 시간이었다. 그린 그림이 늘어나자 첫 개인전 소망이 생겼다. 마침, 충북문화관 숲속갤러리 대관 공지가 올라와 서류를 접수하였다. 운 좋게 절차를 밟고 대관 승인을 받았다. 전시 제목은 '꽃의 위로'로 정했다.

팬데믹 동안 우리를 위로한 것 중에 큰 하나는 자연이다. 도심 속에 살던 우리는 자연의 소중함을 새삼 느꼈으며 가치를 깨달았다. 맑은 공기, 달, 산, 바다, 나무…. 자연은 찾기만 하면 안아주었다. 그중에 가까이에 있는 꽃은 친구 같은 존재다. 집 화분에서, 아파트 화단에서, 가경천 둑에서, 상당산성에서, 오장환 문학관 뜰에서, 덕유산 등산로에서, 황룡강에서, 지심도에서, 제주도에서, 오스트리아에서…. 꽃을 인식하는 순간 꽃이 말을 걸어온다.

"괜찮아.", "울어도 돼.", "이해해.", "사랑해.", "잘 될 거야.", "기대해.", "축하해.", "축복해." ….

첫 개인전이라 어떻게 준비해야 할지 잘 몰랐다. 관련 유튜브를 검색하고 주변 작가분들에게 조언을 구하였다. 한 가지 쉽지 않은 문제가 남았다. 그림 판매 가격을 물으면 얼마를 말하여야 할지 어려웠다. 인건비로 따지면 최저 시급이 안 되는 그림이 있고, 크기로 정하자니 가격이 들쑥날쑥하여 참 쉽지 않은 문제였다. 그러다가 생활예술을 추구하던 처음 마음이 생각났다. 생활 속 예술이 머무는 정서는 느껴봐야 안다. 그 기분을 공유할 수 있도록, 나만의 그림 가격으로 정하였다.

그림 옆에 어울리는 시를 출력하여 붙였다. 그림과 시가 어우러진 전시를 시작하였다. 위로는 우리 모두에게 필요하였다. 우린 우리 나름대로 힘든 시간을 견디고 있었고 최선을 다해 살아가고 있었다. 전시를 통해 그 뜨거운 입김과 아련한 눈길을 느낄 수 있었다. 그동안 지켜봐 주신 지인들의 많은 격려와 축하를 받았다. 글이 함께 있어서 색다른 전시라는 관람 후기를 들었다.

　사랑을 잃어버렸다고 우는 사람이
　사랑은 아직 남아 있다고 말하는 꽃을 보며
　산책을 한다

　　- 정말로 아픔 뒤에 진짜 사랑이 기다리나요?
　　- 조금만 더 걸어 봐요. 지치더라도 조금만 더

　- 〈꽃의 위로〉

개인전은 내 그림을 객관적인 눈으로 보게 하였다. 앞으로 나아가야 할 방향을 알려주는 듯하였다. 그래서 전시를 망설이는 작가들에게 되도록 빨리 준비하라고 말하고 싶다. 그림 그리기 시작한 지 얼마 안 되었을 즈음 아는 선생님께 "저는 언젠가 여기서 저의 그림으로 개인전을 꼭 할 거예요."라고 하였던 말이 이루어지는 순간이기도 하였다.

내 마음에 '봄이 오면'(2022)

인생에도 봄이 있다. 그래서 인생 그래프가 등장하는 것이 아닌가. 하지만 시간이 지나고 보면 높은 곳에 그려진 선만이 봄이 아니라는 것을 알 수 있다. 저점에 그어진 고통이나 고난의 선, 가장 밑바닥, 민낯, 정오의 시간이 나를 성장하게 하거나 무언가를 하기에 최적의 시작점이 되어주기도 한다. 인생의 봄. 나는 봄이라 쓰고 행복이라 읽고 싶다. 우리가 일상에서 행복하게 살아간다면 인생 전부가 봄이다. 지금 나는 어느 계절에 살고 있는가. 나는 정말 행복을 원하는가.

철학자이며 문필가인 버트런드 러셀(B. Russel, 1872~1970)은 《행복의 정복》(사회평론, 2005)에서 행복은 저절로 굴러오는 것이 아니며, 끊임없이 쟁취하는 것이라 말하였다. 그의 말에 따르면 불행하게 하는 요소(경쟁, 권태, 자극, 피로, 질투, 피해망상, 죄의식, 여론에 대한 두려움)만 제거하거나 다스리며 산다면 누구나 행복한 삶을 누릴 수 있다고 한다. 쏟아지는 뉴스와 처한 상황, 타인의 감정에 영향을 덜 받아야 행복에 가깝다는 말로 들린다. MBTI(성격유형검사)를 보면 행복감을 더 느끼는 유형과 덜 느끼는 유형으로 나뉘기는 하지만, 어디서든 스스로 행복을 만들어야 한다는 거다. 하나님께서도 우리가 환경을 초월하는 행복을 원하신다. 예수님의 공생애 사역과 바울의 전도 여행 등을 기록한 신약성서 바울서신에 다음과 같은 말씀이 있다.

> 항상 기뻐하라 쉬지 말고 기도하라 범사에 감사하라 이것이 그리스도 예수 안에서 너희를 향하신 하나님의 뜻이니라
>
> - 데살로니가전서 5장 16~18절

행복을 말한다고 거룩한 분노를 멀리해야 한다는 말은 아니다. 어떤 일에 거룩한 분노는 행복으로 가는 길이다. 예수님께서도 성전 마당에서 장사하는 사람들을 못마땅하게 여기시며 분노하셨다.

러셀은 행복에 대하여 질문과 답을 내면에서 찾으려 하지 말고 바깥으로 나가 답을 얻어야 한다고 한다. 외부로 향한 관심으로 시작한 바깥 활동에서 성취를 거두면 자존감이 견고해지며 행복을 준다고 한다. 자기를 사랑하는 자기애의 발현이겠으나 이타적인 마음을 동반한 바깥 활동이야말로 사랑의 열매다. 러셀이 스스로 회의적 무신론자로 불렸지만, 그는 예수님 사역인 구원의 즐거움을 다른 말로 표현하고 있는지도 모를 일이다.

두 번째 그림 개인전 '봄이 오면'은 복합문화공간 '가람 신작'에서 했다. 꽃과 관련한 봄나들이 그림들과 산책길이나 여행지에서 찍은 사진에 시를 얹혀 만든 엽서와 팬데믹 동안에 보았던 영화의 대사를 종이에 인쇄하여 전시장 벽 각 코너에 맞게 꾸몄다. 전시의 목적이 준비한 나뿐만 아니라 관람하는 모두가 즐거웠으면 하는 것에 있었으므로 영화 대사는 지금 그대로 서로의 모습을 인정하고 소망으로 이끄는 말들로 골랐다. 대사들을 한곳에 모으니 봄은 행복을, 행복은 꿈을 품고 있었다.

전시는 2주 동안 진행되었다. 20년 만에 만난 동창, 내가 그림 그리는 데 특별한 응원을 해주는 친동생, 물심양면으로 지지해 준 지인들은 물론 일반 관람객의 따뜻한 호응을 얻었다. 그림을 그리고 전시하는 지속가능성의 연결 다리가 단단해졌다.

이탈리아 출신 화가 조르조 모란디(1890~1964, 이탈리아)는 평생 작은 아파트 안에서만 그림을 그렸던 화가이다. 그는 주방에서 쓰는 병(조리 기구)의 라벨을 떼고 무채색에 가까운 정물을 그렸다. 그는 "나는 여행을 하지 않고도 세상을 볼 수 있다."라고 말했다고 한다. 내가 그에게 배울 점은 작품을 대하는 성실이다. 세상과 단절된 작은 아파트 안에서 오늘이 어제와 내일인 듯 살면서 꾸준히 작업을 이어 가는 삶. 전시회 때 보여 준 관람객의 관심에 보답하기 위해서는 진실하고 성실한 마음으로 작업을 이어가야겠다는 밑줄을 그었다.

나와 당신을 '환대'(2023)

꽃은 햇살을 반기고
나비는 꽃을 반기고
새순은 바람을 반기고
강아지는 아지랑이를 반기고
나는 나와 너를 반겨
활짝 웃는 봄날

- 〈환대〉

봄의 길목 3월. 두 번째 전시를 마치고부터 그린 〈꽃길〉 시리즈 그림이 40 작품 가까이 되었기에 전시 제목을 '꽃길'로 정할까 하였으나, 그 시점에 '환대'라는 낱말의 뜻이 좋아 환대로 정했다. 환대의 마음으로 걷는 길이 꽃길이므로 달라질 건 없다. 열어도 열어도 좁아지는 마음의 문을 정비할 때가 되었으므로 적당하였다.

 살면서 세상과 사람을 열린 마음으로 보려 하지만, 자주 가림막이 등장하곤 한다. 그게 내 허물 때문일 수도 있고, 마음 불편해지는 다른 사람과의 관계 때문일 수도 있다. 그래서 관계가 막히고, 소통되어도 포용할 용량이 넘쳐 과부하가 일어난다. 불통이 되면 채우지 못한 부족한 사랑 탓을 하기도 한다.

 신약 성서 '누가복음'에 돌아온 탕자의 이야기가 나온다. 그는 둘째 아들인데 아버지에게 자기 몫의 재산을 달라 청하고 객지에 나가 허랑방탕 다 허비한다. 굶어 죽지 않기 위해 남의 집 하인으로 살며 돼지가 먹는 쥐엄나무 열매를 먹으며 살다가 아버지 집을 떠올리게 된다. 그는 고향 집으로 향한다. 아들이 온다는 소식을 들은 아버지는 신발도 신지 않은 채 마중 나간다. 아버지는 두 팔 벌려 아들을 반겨 안고 가장 좋은 옷으로 갈아입힌다. 살찐 송아지를 잡아 잔치를 벌이며 환대한다.

환대란 작은아들을 용서하고 풍성하게 반기던 아버지의 마음이다. 그대로의 나와 당신의 모습을 반갑게 맞아 정성껏 후하게 대접한다는 뜻이다. 아무 사심 없이 받아들이고 반겨 대접하는 것. 나와 세상이 빼앗아 간 순수와 아끼는 마음의 부재를 안고 돌아온 탕자가 되어 환대받고 아버지가 되어 환대하는 것처럼, 전시장을 나갈 때는 정으로 가득 찬 마음을 갖고 갈 수 있게 하고 싶었다. 이에 맞게 그림 옆에 시와 문구를 준비하였다. 전시 중에 전시장에서 꼭 뵙고 싶었던 분이 오셨다. 됐다. 감사했다. 잘할 수 있을까 하는 약간의 두려움과 설렘으로 진행된 전시는 성황리에 잘 마쳤다. 전시장을 찾은 관람객들의 호응도 이어졌다. 그림을 그리며 지낸 시간이 이제는 뜻있는 시간으로 남았다. 전시장에 들렀던 관람객의 말이고 조언이다.

1. 덜어내기 힘든데 건너뛴 것에 놀랍다. (10년째 그림 그리는 화가)
2. 그림은 좋은데 우리나라는 연줄이다. H대 쪽에 가서 공부하고 매일 연습해라. 〈꽃밤〉은 저작권 등록해라. (80세 화가)
3. 그림으로 마음을 치유하시는군요.
4. 그림이 따뜻합니다.

5. 기독교인 같은데 달인지, 해인지 무슨 상징이 있는지 궁금합니다.
6. 어제 왔다가 그림이 좋아서 와이프 데리고 다시 왔어요.
7. 요즘 마음이 안 좋았는데 그림을 보고 환해졌습니다.

세 번째 전시를 끝내고부터가 중요하다고 한다. 지인에 의지한 전시가 아니고 '이 길로 계속 갈 것인지, 그냥 취미로만 할 것인지'라는 생각이 주어지기 때문이다. 그런 면에서 나의 그림 그리기는 크게 이름 짓지 않아도 취미만이 아닌 내가 나에게 주문한 사역 같은 것이기에 계속될 것임을 안다. 그림 그리는 시간은 쉼과 사랑과 성취가 있는 시간이며 전시장에서 관람자와 소통하는 방식은 끊기 힘든 황홀한 유혹이다.

내가 쓰는 시가 그렇듯, 내가 그리는 그림은 나를 통한 나와 다른 사람에게 보내는 응원이다. 삶이 매일같이 꽃길만 펼쳐지는 것은 아니다. 사랑과 행복을 말한다고 해서 사랑이 가득한 것도 아니고 행복한 것이 아니다. 하지만 "고난이 많았기에 즐거운 이야기를 쓴다."라고 말했던 작가 루이자 메이 알코트(1832~1888, 미국)처럼, "삶은 나에게 항상 미소 짓지 않았다. 그러나 나는 언제나 삶에 미소 지었다."라고 말한

프랑스 현대미술가 라울 뒤피(1877~1953, 프랑스)처럼 나도 세상을 향해 웃고 싶은 거다. 나의 작품을 만나는 나와 사람들이 기쁘고 즐겁게 살았으면 좋겠다고 바라면서.

함께 걷는 '봄길'(2024)

카페 '문의에서' 대표님의 지원으로 네 번째 그림 개인전을 계획했다. 그림 전시 시작하는 날은 하필 겨울 중 가장 추운 날이었다. 맹추위는 며칠 이어졌다. 그동안 봄처럼 따스했던 나날이었기에 '봄길'이라는 제목의 전시는 어색하지는 않았다. 아직 겨울은 끝나지 않았다는 경고라도 하듯 날씨는 만만하지 않았다. 전시 기간 한 달 중 2박 3일은 문의 마을에 머물며 여행하듯 지내려고 계획했지만, 물수제비도 못 뜨고 소심한 산책으로 만족해야 했다. 하지만 바깥은 한겨울일지라도 꽃그림으로 장식한 카페 '문의에서' 전시 공간은 봄처럼 훈훈했다. 전시 공간을 찾은 얼굴마다 봄꽃이 폈다. 지금은 추워도 봄이 온다는 기대감, 설렘이 가슴 한가득 피어났다.

- 요즘 많이 힘들었는데, 그림을 보고 위안을 얻었어요.
- 살아갈 힘이 생겨요.
- 친구 따라왔다가, 그림이 너무 좋아서 글을 남겨요.
- 그림이 따뜻해서 좋아요.

우연히 들른 카페에서 전시를 보고 힘든 마음에 위로 얻었다 하더라도 '문의'를 방문한 것만으로 이미 힘을 내고자 마음의 문을 열고 있었을 것이다. 독감도 아닌데 몸이 안 좋아 며칠 카페를 비운 사이 손님이 남긴 메모를 한 장씩 넘기며 읽었다. 전시 자체로 즐기고 있던 처음 마음에 도파민 슈거가 뿌려진다.

전시 마치고 보령 바닷가에 갔을 때다. 시차는 다르지만, 세 여인이 눈에 들어왔다. 첫 번째 여인은 바람 불고 비 부슬부슬 내리던 저녁나절에 보았다. 파도가 높은데 무섭지도 않은지 물속으로 맨발을 디디며 혼자 걷고 있었다. 두 번째 여인은 이른 아침에 보았는데 파도 끝을 따라 스카프를 날리며 오른쪽을 향해 걷고 있었다. 세 번째 여인은 검은색 바바리를 입고 바다를 향해 직선으로 걷고 있었다. 모두 핸드폰을 끄고 자신과 직면한 바닷가에서 들리는 행복 메시지를 수신 중이던 것처럼 보였다. 시차와 장소는 다르더라도 그 여인들이 향한 곳은 상대가 아닌 자기였을 것이다. 나를 위한 메시지로 남도 위할 수 있는.

그동안 있었던 그림 전시로 가능성을 보았다. 보령 바닷가를 찾은 세 여인의 마음을 자연이 어루만지듯 글과 그림이 있는 전시가 사람들의 삶을 응원하고 행복을 주는 축제가 될 수 있겠다고 생각했다. 얼마 전 우리 교회는 식당을 리모델링하면서 S.A(SEOWONKYUNG·SPIRIT·ART) 갤러리를 꾸몄다. 그림 그리는 교인 중 3명이 뜻을 모아 오픈전을 했다. 성도들이 카페 같다며 좋아했다. 식당이 그림이라는 옷을 입으니 이전과 달라 보였다. 이 전시가 끝나면 앞으로는 회화, 캘리그라피 작품, 사진, 시화 등 평면 작품을 하는 교인 중심으로 모임을 만들어 정기적으로 작품을 발표하고 기회가 닿으면 외부 전시도 할 예정이다. 혼자도 좋지만 함께 가는 길이, 내가 갖고 있는 것이 좋지만 나누는 일이 재능을 부여받은 자의 몫이라고 생각한다. 이제부터가 시작이다. 시작부터 손잡고 함께 걷기로 했으니, 이보다 더 든든할 순 없다.

나 여기
당신 거기에서

같은 꿈을 꾸고
같은 노래를 하고

광야에서 본
광야에서 찾은

같은 별을 본다는 것이
같은 길을 간다는 것이

-〈얼마나 좋은가요〉

제4부
부르고 싶은 이름이 되어

꽃 피는 날
생각나는 사람 있다는 것이

첫눈 내리는 날
보고 싶은 사람 있다는 것이

그 사람이 바로
당신이라는 것이

참 좋아요

- 〈문득〉

늦은 답장

아이들 오르내리는

초등학교 계단에 붙어 있는 문구입니다

미안합니다

감사합니다

사랑합니다

함께 웃어요

칭찬합니다

참 잘했어요

도와줄게요

힘을 내세요

괜찮습니다

안녕하세요

시라는 무지개 떠 있습니다

- 〈시, 시, 詩들〉

  초등학교 '동시 특강'이란 도서관 프로그램 시간에 독서동아리 아이들과 만났다. 시를 읽고, 쓰고, 낭송하고, 오리고, 붙이는 책 만들기 수업이 끝나 정리하고 있던 때였다.
  "선생님, 선물이에요! 어제 선물 사느라 문방구에서 한참을 있었던 거 있죠."
  소설가가 꿈이라는 ○○이가 마스크 위 초롱초롱한 눈으로 사탕, 젤리, 초콜릿, 스티커, 포스트잇이 담긴 꾸러미를 내밀었다. 고맙다고 말하며 꾸러미 지퍼를 열려고 하니, 선물은 집에 가서 보라고 부탁한다. 한 사람씩 안고 덕담을 하며 헤어진 후 집으로 와 받은 선물을 책장 근처 선반에 놓았다. 원래 군것질을 좋아하지 않기에, 선물 그대로 보존하고 싶단 생각으로 눈이 갈 때마다 아이의 눈망울을 떠올렸다. 몇 개월이 지났을까. 꾸러미 안에 든 사탕 하나를 꺼내 먹으려고 내용물을 식탁 위에 쏟았다. 툭, 쪽지가 보였다.

'안녕하세요! 저는 선생님께 시를 배운 ○○○입니다. 창의적인 것을 좋아하는 저는 글쓰기를 정말 사랑합니다.♡ 앞으로는 시를 조금 더 보려고 합니다. (이하 생략)

　글 끝에 전화번호가 적혀 있었다. 감동도 잠시, 전화번호를 적었다면 답장을 원하였을지도 모른다는 생각이 들었다. '그때 고맙다는 문자라도 해야 했을까. 그렇다 해도 외부 강사인데 학생과 직접 연락하는 건 좀 그렇지.' 혹시 연락을 기다리고 있었을지도 모른다는 생각에 잠시 혼란스러웠지만 어쩌랴. 일이 이렇게 된 것을. 아이들과 만나다 보면 기승전결로 이루어진 시나 짧은 글쓰기는 아이 자신을 보게 하고, 생각을 자라게 하며, 곁을 보는 힘을 기르게 한다는 걸 알 수 있다. AI 시대, 시조차 인공두뇌로 가능하다고 한다. 그럴수록 우리의 두뇌의 창의성과 생각할 힘을 기르려면 독서와 글쓰기를 해야 한다.

　도서관에 갔다. 도서관에 비치된 시집 코너는 인간관계 책이나 자기 계발서 코너보다 좁은 공간을 차지하고 있다. 중고등학교 교과서에서 시가 들어가 있던 부분에 시나리오나 극본이 차지하고 있고, 자작시를 선물하고 유명 시인의 시를 필사한 분홍빛 공책을 선물하던 시기의 낭만은 핸드폰이나 인공지능이 대신하고 있다. 하지만 변방에서는 시집을 발간하는 사람이 꾸준히 늘고 있다. 시를 읽고 쓰는 사람들은 안다. 시를 읽고 쓰기의 즐거움을 시인뿐 아니라 누구나 누릴 수 있다. 달, 꽃, 별, 바람, 물, 하늘 등의 무형 물질이 존재하는 한 죽어가는 시인은 있을지 몰라도 시는 죽지 않는다. 시를 부르면 시는 살아서 쓰고 읽는 사람의 마음을 만지고 다독일 것이다. 시정신이 물들어 별이 되고 꽃이 되어 빛나는 인생을 살다 간 다윗처럼, 천상병 시인처럼.

늦은 답장을 한다.

선물 고맙구나.
글쓰기를 사랑한다니 더 고맙구나.
시를 읽으려 한다니 더욱더 고맙구나.

너로 세상이 맛이 나고, 너로 세상이 환하겠구나.

지금이 아니면

Ⅰ. 꽃 찾으러 내가 갔는가. 꽃이 기다리고 있었는가. 어릴 적 친구들과 서울에서 만났다. 1박 2일 일정으로 전시 관람, 북촌, 인사동을 구경하고 보세 옷 가게에 들러 쇼핑하는데, 50대인데도 20대 몸매를 유지하는 친구가 말했다.

"종화야, 옷이 마음에 들면 가격 생각하지 말고 그냥 사는 거야."

Ⅱ. 전원주택 사는 지인 집에 놀러 갔다. 부엌과 거실을 잇는 벽에 그림 두 점이 걸려 있었다. 그림이 보이자 반가운 마음에 눈을 반짝이며 말했다.

"그림이 예뻐요. 액자와 잘 어울려 그림이 더 돋보이네요."
"네, 이 그림은 우연히 들른 카페에서 샀어요. 아네모네를 좋아하는데 이 그림 보자마자 사고 싶다는 생각이 들었어요. 가격이 부담되기는 했지만 '이사하느라 애쓴 나를 위해 이 정도는 해야지.' 하고 내가 나에게 선물했어요. 볼 때마다 매우 만족해요."

주인장 얘기를 듣고 그림을 다시 보니 이야기가 더해져 아네모네 그림이 재해석되었다.

Ⅲ. 휴가 때 목포에 갔다. 세 어르신과 함께 케이블카를 탔다. 출발 후 멋진 풍경이 사방으로 펼쳐지자 한 어르신께서 핸드폰을 내미시며 사진 찍어 달라고 하셨다.

"찍을게요." (뭔가 부족)
"좋아요." (괜찮긴 한데)
"지금이 제일 좋다~" (좋아 보인다)
"사진 잘 나왔네!" (흐뭇)

"그렇지, 지금이 젤로 좋지." (이구동성으로)

딱, 이만큼만

 산속에 들어가 시 쓰며 사는 유승도 시인이 있다. 새와 벗하며 사는 시인은 모 텔레비전 프로에 나와 앞마당 잔디 사이에 난 잡초를 뽑으며 말하였다.

 "보이면 뽑는 거예요. 매일 조금씩. 딱, 이만큼만."

 봄부터 하루가 다르게 자라나는 잡초를 묵혀 두고 일 되게 할 것 없이 매일 조금씩 뽑으면 잔디만 남아 보기에 신경 쓸 일 없다고. B612 행성의 어린 왕자가 바오바브나무 싹을 뽑듯, 매일 올라오는 잡초를 조금씩 뽑고 있었다. 내게도 비슷한 시가 있다. 시를 처음 쓰기 시작할 때 썼다.

파닥파닥
무겁게 쌓여 가는 게으름을 털어 낸다

파닥파닥
한 꺼풀 두 꺼풀 덧씌운 가면을 벗겨 낸다

파닥파닥
밤마다 자라나는 헛된 욕망의 싹을 잘라 낸다

그리고 이제 다시는
어둠의 그림자가 숨지 못하도록
하루 분량의 햇빛에 알몸을 내맡긴다

- 〈이불 털기〉

날마다 조금씩 쌓이면 무겁고 자라면 두꺼운 삶의 찌꺼기를 털고 덜자는 의지를 나타내는 시이다. 어찌 시어 내용뿐일까. 자기 연민, 혐오, 시기, 남 탓하는 것 등 그냥 두면 자라서 삶을 무겁게 하는 것들을 뽑아 밝은 아침을 맞이하자는 기도 같은 시다.

하루를 마무리하는 저녁, 잠자리에 누웠을 때 해보는 거다. 애쓴 나를 안아주는 것, 하루의 은혜를 감사하는 것, 사랑하는 사람들을 위해 기도하는 것, 밝아 올 내일을 소망하는 것 등. 시인이 잡초를 뽑듯 매일 조금씩 딱, 이만큼만. 먼저 핸드폰부터 끄고.

연꽃이 필 무렵

"지금쯤, 연꽃이 피었을까."라고 말하며 집 근처 연꽃방죽을 검색하여 보았다. 아직은 이른 듯하여 다음에 가자고 미루어 두었었는데, 아침까지도 계획에 없던 연꽃 구경을 오후에 하게 되었다. 그런 날이 있다. 집 현관문을 열었는데 꽃다발이 가슴에 푹 안기던 날. 이유를 물을 필요 없이 꽃을 보며 마냥 좋아하던 날처럼 신이 났다. 연꽃은 활짝 피지 않았으나, "이만해도 좋다. 좋다, 좋아."를 말하며 같이 간 사람들과 부여 궁남지를 걸었다. '능소화가 한창이군.' '버드나무와 연꽃이 이리도 잘 어울렸었나.' 처음 온 것도 아닌데, 새로운 것이 보인다.

집으로 오는 차 안. 2년 전 일산으로 이사 간 친구가 떠오른다. 그 친구는 연꽃이 필 무렵이면 나를 데리고 방죽에 갔다. 방죽에 난 길을 느린 걸음으로 걸으며 좋아하던 나를 즐거운 눈으로 바라봤었다. "잘 지내? 나 없으면 어찌 지낼까 걱정하였는데 나 있을 때보다 더 잘 지내고 있는 것 같구먼?" '잘 지내지 그럼. 잘 지내려고 내가 얼마나 애썼는데. 잘 지내려고 마음먹으니 잘 지내게 되더라고.' 속말을 삼키며 "그럼. 잘 지내지. 잘살고 있어. 너는 어때?" 이사 간 지 한참 만에 전화로 긴 수다를 떨었다.

연꽃이 필 무렵, 꽃보다 사람이 먼저 생각나는 건 어찌할 수 없는 일이다. 연꽃에는 내가 좋아하는 꽃이라는 의미와 연꽃을 좋아하는 나를 챙기던 친구의 벙글벙글 웃는 얼굴이 얹혀 있다.

연꽃 피었다는 소식에 찾아간 방죽
꽃은 져서 없고
흰 구름 떠다니는 물속에 비친 얼굴

한 끼 밥에 줄기 세우고
이야기 한 잔에 꽃잎 하나 피웠던
바람 지나 흔들리고 가시 돋아 아파도

꽃은 여전히 꽃이어서 함께 하던

이어폰 나눠 끼고 듣는 노래
여행지에서 보내는 엽서
일기의 마지막 줄

꽃이 지면
향기는 길을 잃고 꽃잎은 볼 수 없나

아니다, 아니다, 이게 마지막은 아니지

이 꽃 지면 또 다른 색의 꽃이 피고
길은 어디, 어느 시간에도 이어지니까

달 저편 먼 곳에서도 너와 내가 함께라면

- 함께 가자, 꽃이 핀 들판으로

바람처럼 속삭이는 말들로
우리의 이야기는 계속될 테니까

- 〈우리의 이야기〉

호박지

충남 바닷가 근처에서 겨울철 즐겨 먹던 호박지. 지난해 김장할 때 처음으로 담갔다. 옆 동에 살던 지인이 타지로 이사 가기 전만 해도 김장철마다 얻어먹었던 음식이다. 당진이 고향인 그 지인의 말에 따르면 호박지는 김장하고 남은 우거지, 푹 삭은 간장게장, 나박나박 썬 호박에 대파와 양념을 넣고 버무려 만든다고 했다.

들큼하고 감칠맛이 나는 그 맛이 생각나 몇 번 먹을 만큼만 담갔는데 숙성된 김치에 돼지고기 넣고 김치찌개처럼 끓여 식사 때 내놓았더니 식구들도 맛이 좋다고 난리다. 순식간에 사라진 찌개. 아쉬운 마음에 한 번 더 담갔다. 담기 전 검색하니 고춧가루는 조금만 넣어도 된다 해서 두 번째 담글 때는 조금 넣었다. 김치통을 냉장고에 넣어 두고 잊은 듯 지내다가 설음식이 물릴 때쯤 냄비에 덜어와 끓여 보았다. 주말 아침임에도 나이를 먹었는지 일찍 깬 남편과 함께 먹는 밥상에 냈다.

내륙에서 먹는 밥인데 육지를 품은 바닷가 맛이 난다. 호박지를 먹을 때면 우리 부부는 그 지인 이야기를 나눈다. 지인과 대부분의 추억은 친정어머니가 챙겨 주신 호박고구마, 쑥개떡, 식혜, 미숫가루 등의 음식이 차지한다. 지인과 나는 가끔 안부를 묻곤 하는데 나의 그림 전시회에 시간 내서 오는 고마운 사람이다. 어느 날, "어디를 가고 싶은데, 혹시 오늘 시간 되나요?"라고 연락이 오면 나도 시간을 조정해서라도 반갑게 만난다.

제주 동백이 지고 남쪽 동백꽃이 필 즈음, 우리의 만남도 숙성하여 좋은 맛을 내고 있다.

너는 행복하니

- 너는 행복하니?

- 네가 내 형편 잘 알잖니.
 엊그제 아빠 보러 진천 다녀오는데 이런 생각이 들더라.
 엄마 없이 아빠 혼자 잘 지내는 것도 감사하고,
 아빠 집에 아무 사고 없이 잘 다녀온 것도 감사하다는.

 삶이 그런 것 같아.
 없다고 느끼면 너무 부족해 보이고 내가 가엽다고 생각하면
 한없이 불행해 보여.
 하지만 텅 빈 마음에 이것도 있구나, 저것도 있구나 채우다
 보면,

가지고 있는 게 너무 많더라고.

그러니 내 친구 ○○야, 힘내, 사랑해.

(지인이 친구와 통화한 이야기를 듣다가 허락받고 글로 옮겼다)

이런 사이

집 앞 내과에 갔다. 진료실 입구에 작년 전시회에 선생님이 오셔서 구매하신 그림이 걸려있다.

"환자분들이 그림을 좋아하세요."
"아 네, 머리 염색하셨네요?"
"네, 너무 할머니 같아서. 이젠 시간 맞춰 꼭 하려고요!"
"보기 좋아요. 예쁘세요."

선생님은 올해 더 생기 있고 예뻐 보이셨다. 우린 작년에 전시장 옆 카페에서 딸 이야기, 여행 이야기, 일 이야기 들을 나눴었다. 전시 끝나고 남은 엽서 몇 장을 진료 마치고 내미니 "전시회 또 했어요? 무척 고마워요. 오늘은 이 그림이 당기네요."라며 바로 일어나 엽서 놓을 자리를 찾으신다.

가경천 시화전부터 관심 있게 보아주시고 늘 응원해 주시는 언니 또는 마음 편한 상담사 같은 선생님. 서로의 삶이 무겁지 않게 응원하는 사이에 그림 속 달팽이가 있다.

   풀잎에 서리 내린 가을 아침

   세상이 변해도
   혼자서는 느낄 수 없는 것이 남아 있다고
   걷기 힘든 길이 있다고

   이상 아래에 둔 어루만짐
   흰쌀밥 냄새
   같은 박자의 심장 소리

   집 앞으로 흐르는 가경천이
   빛을 받아 반짝인다

   - 〈따뜻한 등〉

주관적인 것에 대해

 그림을 그리다 보면 처음 그림이 마음에 안 들어 덧칠할 때가 있다. 두 번째로 그린 그림도 마음에 안 들면 그 위에 또 덧칠한다. 네 고집이 센지, 내 고집이 센지. 그림과 밀고 당기기라도 하는 것처럼 나와의 타협점을 찾는다. 결과는 처참하게 쓰레기통에 버려지는 그림이 있고, 집 어딘가에서 존재감을 내뿜는 그림이 있고, 제법 마음에 들어 전시장에 걸리는 그림이 있다. 이 모든 것은, 타인의 시선을 배제할 수 없는 나의 주관적 행동이며 주관적인 생각에서 나오는 거다.

나이는 이렇게 먹는 거야

영화 〈맘마미아! 2〉(2018)의 명장면을 꼽으라고 하면, 주저 없이 '셰어'가 등장하여 노래 부르는 장면을 꼽는다. 70이 넘은 나이에 걸 크러시(Girl Crush) 같은 비주얼, 숙성하여 내뿜는 압도적인 가창력과 노래 부르는 모습에서 나오는 광채. 그녀가 살아온 삶에 대해선 잘 모르지만 이럴 때 자기 관리의 끝판왕이라고 불러야 하나 할 정도로 셰어의 모습은 눈부시게 아름다워 보였다.

"나이는 이렇게 먹는 거야."

그녀의 존재감은 영화 이상을 뛰어넘었다. 나이 먹음을 느끼고 있는 나로서는 존경심까지 느꼈다. 학창 시절 팬은 아니었지만, 그녀의 존재는 알고 있었다. 화면에서 보이는 그녀 모습은 몸과 뇌를 정지시키고 필름 되감기를 했다. 아름다운 아바의 곡이 흘러나오고 그리스의 맑은 햇살이 부서지는 장면이 멋지지만 조금 심심했던 영화로 기억한다. 그 가운데 셰어가 노래 부르는 장면은 찾아야 보이는 나만의 보석 같은 거다.

라디오 영화음악 코너에 신청했던 곡이 흘러나온다. "페르난도~ 페르난도~" 춤을 추며 노래하던 셰어의 모습이 눈에 선하다.

커피를 기다리는 시간

충남 금산읍에 있는 한 카페에서 커피를 주문하다 옆을 보니 탁자 위 원두 담은 봉투가 눈에 들어왔다. 봉투마다 좋은 문구가 손글씨로 쓰여 있었다.

"봉투에 글 써 놓으니 더 예뻐요."
"네, 손님들이 좋아하세요."
"혹시 글을 쓰시나요?"
"네, 어릴 적부터 글 쓰는 걸 좋아해서 학교 때 백일장에서 상을 받곤 했어요."
"아, 그럼 책을 내셨나요?"
"아뇨, 그냥 쓰는 것을 좋아해요."

나보다 몇 살 더 많아 보이지만, 생머리 단발에 단아함과 우아함을 겸비하신 카페지기와의 대화이다. 불현듯, 우리 아파트 뒤 상가에서 옷 수선 가게를 운영하시는 어르신이 떠오른다. 어르신은 두 평 남짓의 가게에서 아침부터 저녁 7시까지 일하신다. 일흔이 넘어 보이는데 머리를 질끈 묶고 항상 깔끔하고 평안하고 푸근한 얼굴로 손님을 맞이하신다. 오늘도 가게 이름처럼 큰 바다를 향해 노루발로 노 젓고 계실 거다.

세상에는 아마추어인 듯 프로로 사는 사람들이 있다. 사람을 사랑하는 마음으로 시간과 공간을 더 아름답게 꾸밀 줄 아는 사람이다. 자신이 하는 일에 있어서 '한결같다, 꾸준하다, 성실하다, 집중한다, 즐긴다' 등의 단어가 어울리는. 그런 사람들을 만나면 가슴이 따뜻해진다. 함께 살아갈 맛이 난다.

커피가 나왔다는 진동 벨이 울린다.

부르고 싶은 이름이 되어

 중고등학교 동창이자, 이웃으로 부동산 중개사로 일하는 친구에게서 카톡이 왔다. 친구는 전자책 만드는 방법을 알려주는 사이트가 있으니 참고해 보라고 하였다. 우린 이런저런 살아가는 이야기를 나누었고, 친구가 읽고 있던 책 한 권을 소개받았다. 일 년에 두세 번 만날까 말까 하는 사이지만 묵은 세월이 오래되어 외모는 후퇴하나 통하는 마음은 늘 푸릇하다.

 - 물리적 거리는 가까운데 얼굴 보기는 힘드네.
 - 그래도 마음만 먹으면 볼 수 있는 거리니 좋지.
 - 맞아, 저녁에 산책하면서 봐도 되고.
 - 응, 국어책인지 수필집인지에 나왔던 그런 친구. 맨발(?)로

만나도 되는.

- 그러게, 나는 기억에 없는데, 너는 감성적이라서 기억에 있나 봐.

- 그런가. 아님, 교과서가 아니고 수필집에서 봤을 수도 있겠어. 기억이 다 맞지는 않으니까.

우린 글의 제목을 모르는 채로 대화를 마무리하였다. 궁금증을 풀지 못해 조금 갑갑한 마음이 들었지만, 친구와 대화하며 떠오른 글이 있다는 것으로 흐뭇하였다. 며칠 뒤, 우리 아파트에 사는 선생님에게서 카톡이 왔다. 선생님은 동시와 수필을 쓰는 작가이다.

"종화 샘~ 모하노? 퇴근하며 생각나서. ㅎㅎ"
"밥 먹어유. ㅎ 감사해요. 생각해 주셔서. ㅎㅎ"
"ㅎㅎ 늘 생각한다우."
"저도요. ㅎㅎㅎ"

설거지를 마무리하는 시간에 맞춰 약속을 잡았다. 선생님과 함께 가경천을 걸었다. 사는 얘기가 오가며 무르익던 중 친구와 나눈 이야기가 생각이 났다. 선생님에게 친구와 나눈 글의 내용을 말하며 제목을 아시냐고 물었다. 선생님은 바로 "그거 유안진의 《지란지교(芝蘭之交)를 꿈꾸며》(아침책상, 2021)(개정판) 아이가."라고 말씀하셨다. 궁금증이 해소되어 막혔던 숨통이 트였다. 집에 와 내용을 검색해 보았다.

저녁을 먹고 나면 허물없이 찾아가
(생략)
비 오는 오후나 눈 내리는 밤에 고무신을 끌고 찾아가도 좋을 친구,
(하략)

- 유안진의 《지란지교를 꿈꾸며》(아침책상, 2021)(개정판) 중

나 때 읽었던 글이다. 같은 연배면 아는 글의 시작 부분이다. 참 영화 같은 이야기다. 글을 아래로 읽어 내려갈수록 그런 한 사람을 얻은 듯 푸근하다. 글의 한 구절 한 구절이 가슴 깊이 박힌다. 하지만 우리가 살아가는 지금 모습과 글처럼 살아가기에는 꽤 넓은 간격을 느낀다. 우린 너무 바쁘게, 자기중심적인 사고와 생활로 살고 있다. 이런 사람, 이런 사이가 진짜 있나. 아니, 그 사람이 내가 될 수 있을까. 어렵다. 그래

서 작가는 '꿈꾸며'라는 말을 붙였나 보다. 우리의 관계는 '그때는 맞았고 지금은 틀리다.'라는 식의 말처럼 너무 많이 달라졌다. 인간관계는 양보다 질이라느니, 가까우면 상처받을 것이니 깊지 않게 두루두루 사귀라느니, 혼자가 좋다느니 말들이 많다. 관계 또한 자기 기질에 맞게 맺는 게 좋겠지만, 요즘같이 바쁘게 돌아가는 세상에는 글 전체가 아니더라도 몇 구절 어울리는 관계이면, 오랜만에 만나도 아끼는 마음에 만나는 사이라면, 맑고 고귀하지 않겠는가.

퇴근 무렵에 '오늘도 함께 걸을까요?'라고 말을 걸어오는 것처럼. 보고 싶음이 차오를 때 서로가 부르고 싶은 이름이 되어 호명하고 호명 받아 밥 한 끼 나누어 먹는 삶을 꿈꾸어 본다.

다시 가고 싶은, 빈

　　　　닮은 듯 결 다른
　　　　나무들을 지나쳐 달리는 차 안

　　　　각인된 기억이
　　　　시간과 공간의 시작과 끝을 이은
　　　　선 위 점으로 살아난다

　　　　오스트리아의 낯선 들판 풍경에
　　　　꽃으로 피어나는
　　　　낯익은 얼굴을 만난다

　　　　- 〈여행길〉

살면서 여러 곳을 가 보지는 못했지만, 여행 중 인종의 차이를 가장 크게 체감으로 느꼈던 나라가 있다. 자연의 아름다움은 눈을 맑게 했고 좋아하는 음악가의 흔적을 쫓는 일은 두근두근하기도 했다.

"다시 오고 싶지 않아. 외계인 같은 느낌을 들게 하는 분위기가 기분 안 좋아."

마음속으로 중얼중얼. 그러나 다시 여행을 간다면, 여행을 눈으로 본다면, 여러 나라 도시 중 오스트리아 빈은 다시 가 보고 싶은 곳이다. 벨베데레 궁전 안 갤러리에서 쫓기듯 클림트와 다른 화가의 몇 작품들을 보았다. 그림 보존을 위해 빛을 제한하고 있음에도 사진은 찍을 수 있도록 하여 슬쩍슬쩍 기념으로 남기고 싶은 작품을 눌러 댔다. 다뉴브강 주변으로 나뭇잎 없는 나무에 겨우살이 푸르고 성당의 종소리, 눈과 함께 날리던 빈 시내 자체가 예술이었다.

따뜻한 봄날 다시 가 보고 싶다.

우리 안에 숨은 예술 본능

　충북문화원에서 생태체험 수업을 하고 내려오는 길. 요즘 보기 드문 맨드라미꽃이 눈에 들어와 길을 따라 걸었다. 멈춰 선 곳은 꽃으로 가득한 집 대문 앞. 담 안에서 나무를 다듬고 계신 어르신 주위로 더 많은 맨드라미가 한창이었다.

　"안녕하세요. 꽃이 아주 예뻐요. 찍어도 될까요?"
　"그럼요! 사람들 보라고 심은 건데요. 그런데 눈으로만 봐야 하는데 꽃 모가지를 똑 꺾어 가니 원…."
　"그래요? 꽃씨를 받으려는 걸까요?"
　"아니요. 다 여물지 않은 씨를? 꽃병에 꽂으려고 했나 봐요."
　"네, 그렇군요."

사진 몇 장 찍고 골목을 나왔다. 옛 주택가라 집은 허름하지만, 그 집에 사는 사람이 바로 삶을 가꾸고 다듬고 나누는 위대한 예술가 같았다. 대부분 예술가가 그렇듯, 집주인 어르신의 삶의 풍요는 최소한의 물질과 건강과 나눌 줄 아는 마음에서 나오고 있었다. 전문가들이 인정할 만한 예술가와 일반인의 경계는 어디일까. 매일 다이어리를 정리하고, 구슬팔찌를 만들어 나누고, 손수 만든 뜨개 가방을 선물하고, 베란다 화단을 꾸미는 우리. 예술 본능이 살아난 창조력이 다른 사람들에게 닿아 꽃으로 핀다면 예술가로 부르고 싶다.

순례길

산티아고 순례길을 걸어 본 사람들은 말합니다. 걷고 또 걷는 일이 반복되는 일상에서 짐의 대부분을 줄여야만 했고 그것이 오롯이 나를 만나는 과정이기도 했다고. 다양한 많은 사람과 만나 이야기 나누며 친구가 되고 힘을 주고받았다고.

나를 비우고 함께 걸어갈 용기가 있는 사람이 얻는 선물인 듯싶습니다. 우리는 함께이면서 혼자이고 혼자면서 함께인 걸 다시금 새깁니다.

살아있다면, 순례길은 어디에서도 현재 진행형입니다.

12월 1일이 되면

　아파트 동과 동 사이로 건너편 교회 크리스마스트리가 불을 밝힙니다. 덕분에 12월을 설렘으로 맞이합니다.

　저 빛이 계층의 담장을 허물고 허리를 굽혀 더 낮은 곳으로, 더 어두운 곳으로 스미길 바라봅니다. 우리 사회에도 남을 '존중하는 문화'가 번졌으면 좋겠다고 크리스마스트리에 양말을 걸며 기도합니다.

　　앞모습 예쁜데
　　뒷모습도 예쁜 꽃을 보았다

　　그래 너는 예쁘기만 하거라

질투 날 것 없고

보기만 해도 마냥 좋기만 하니

- 〈예쁜 꽃〉

마음으로 보는 눈

 충북교육도서관 로비. 눈이 보이지 않는 고등학생들이 찍은 사진과 글을 액자에 담아 전시하고 있습니다. 그들이 보고 싶은 세상은 어떤 세상일까요?

 한 학생은 학교 화단에 핀 국화꽃을 찍었습니다. 눈으로 볼 수는 없지만, 분명 아름다울 거라고 합니다. 꽃을 만진 손에 향기가 전해진다고 하네요.

 어떤 학생은 다리 위에서 무심천을 찍었습니다. 선생님이 돌다리 위를 엄마와 아기가 손잡고 걷고 있다고 말씀해 주셨나 봐요. 엄마가 보고 싶다고 했습니다.

어떤 학생은 흐린 하늘을 배경으로 흔들리는 나뭇가지를 찍고 싶었는데 바람이 불어서 카메라가 흔들렸다고 합니다. 그래서 가지에 달린 잎사귀들의 흔들림을 느낄 수 있었다고 합니다.

이 외에도 노을을 볼 수 없지만, 노을을 좋아해서 노을 찍기, 친구와 서로 찍어 주기, 여행 사진 찍기 등 눈은 보이지 않으나 모두가 각자의 시선으로 보고 있었습니다. 다 볼 수 있는 눈 덕분에 집중력이 흐려지지 않아 중요한 것을 보고 있었습니다.

세상을 볼 수 있는 우리는 너무 많은 걸 보고 있고, 알고 있어서 놓치고 사는 게 있는 건 아닌지요. 눈이 잘 보이시나요. 사진 한번 찍어 보세요. 무엇이 보이시나요. 그리고 무엇이 보이지 않나요.

사랑은 관심이다

　초등학교 친구가 '노인주간보호센터'를 운영하고 있다. 혹시 필요할지 몰라 시집 열 권을 보낸 적이 있다. 친구의 말에 의하면 센터에 오실 때는 경증 치매에 우울증이 심했던 어르신께서 보내 준 시집을 읽고 위로를 많이 받으신다고 한다. 참, 말이 곱다고 하셨다고. 드시던 약도 반으로 줄일 만큼 좋아지셨다고 한다.

　시집도 시집이지만 친구와 센터에서 일하시는 분들이 진정성을 갖고 애써주셔서 좋은 소식을 나누는 것 같다. 중요한 것은 관심이라고 생각한다. 관심은 사랑이고 사랑은 관심을 주게 하니까. 덕분에 용감함으로 발간한 첫 시집을 펼쳤다.

흐드러지던 봄꽃을 뒤로하고
숨 막히던 여름 한낮을 견디고
하늘 뚫린 듯 퍼붓던 빗길을 지나
이리저리 흩어졌던 마음을 추스르며
9월이 왔다, 9월이 오면
고향집에 가고 싶다
저녁 어스름 굴뚝에 흰 연기 뿜어져 나오고
대문에 들어서면 강아지 꼬리 치며 나를 향해
달려와 주었으면 좋겠다
부엌 아궁이에 불 지피시던 어머니
두 팔 벌려 반가이 맞아 주시고
어머니가 차려 준 둥그런 밥상에 있는
애고추조림 가지무침 애호박전과 밥 위에 찐
호박잎을 강된장에 싸서 먹고 싶다
저녁상을 물리고 마루에 앉아
이 별은 무슨 별 저 별은 무슨 별 하며
식구들과 도란도란 얘기 나누었으면 좋겠다
그 밤이, 소리 높여 우는 풀벌레 소리에 잠 못 드는
밤이어도 좋으리
시냇물이 달을 품고 흐르듯

산천이 계절을 품고 흐르듯 흘러야 했던
내 젊은 어머니의 품이 있는 유년의 뜨락

9월, 나에게 주어질 하루하루가 그렇게 흘렀으면
그렇게 깊어 갔으면 좋겠다

또르르 또르르 …

- 〈9월이 오면〉

글로 남은 시간

　몇 년 전, '랜섬웨어'라는 악독한 바이러스 때문에 컴퓨터에 저장되어 있던 모든 자료가 사라진 적이 있다. 아이들 독서 수업 자료나 습작했던 글, 사진 등등. 이미 벌어진 일이었고, 다시 되돌릴 수 없었던 때가 있었다. 내 자료뿐 아니라 남편 사업장 자료까지도 사라져 곤혹스럽게 했다. 지금 생각해도 가슴이 서늘하다.

　당시 쓰던 USB가 오랫동안 쓰지 않던 필통 안에서 발견되었다. 시간은 지나도 글은 살아 그 모습 그대로 있었다. 몇 꼭지의 글이긴 하지만 반가웠다. 잠시 추억에 잠긴다. 추억은 이렇게 불쑥 글로도 오는가 보다.

뒤돌아보지 않으면 못 보았을
너는

아직도 거기 있었구나

- 〈오는 길〉

선택

영화 〈더 스위머스〉(2022)는 실화를 바탕으로 한 시리아 난민 수영 선수 자매의 이야기다. 자매는 내전 중인 고국 시리아를 떠나 그리스를 거쳐 독일로 가기 전에 수영 선수였다. 코치였던 아버지가 딸에게 한 말이 가장 기억에 남는다.

"네 레인을 찾아서 너만의 페이스로 가는 거다."

주인공 유스라 마르디니는 2020 도쿄올림픽에 난민 대표팀으로 출전했고 현재 유엔난민기구 친선대사로 활동하고 있다고 한다. 언니 사라는 난민을 돕다 밀입국 알선 혐의를 받아 그리스 당국에 체포되었다. 유죄 판결을 받으면 20년 형이나 산다고.

과거 선택의 결과는 현재이고, 현재의 선택 결과는 미래를 만든다. 이민자가 되어 고국을 떠난 것도 선택, 유스라가 계속 수영을 하고 유엔기구에서 일하는 것도 선택, 사라가 위험을 무릅쓰고 난민을 도운 것도 선택이다. 선택에 살고 선택에 따라 나아간다. 남들의 페이스로 갈 건지 나만의 페이스로 갈 건지도 선택이다.

밖에 비가 온다. 포근한 겨울비 속에서 봄을 본다. 생각도 선택이다.

지지하겠다는 말은

아끼는 마음에서 하는 말이다.
그래서 안아주겠다는 말이다.

뜻을 함께한다는 말이다.
그래서 늘 응원하겠다는 말이다.

소중히 여긴다는 말이다.
그래서 쉽게 상처받지 않겠다는 말이다.

특별하다는 말이다.
그래서 익숙한 듯 익숙하지 않겠다는 말이다.

사랑한다는 말이다.
그래서 기다릴 줄 알겠다는 말이다.

(친구가 선물해 준 책을 읽다가)

제5부

포옥

아침 햇살 구절초 꽃잎에 내리듯

나를 포옥 안고서
바라보기만 해도 생기를 주고
꽃 피듯 웃음을 주는

당신은 누구십니까

우리를 포옥 안고서
바라보기만 해도 생기를 주고
꽃 피듯 웃음을 주는

당신은 누구십니까

- 〈포옥〉

이월의 기다림

눈 내려도 수선화 싹은 돋고
바람 불어도 목련 나뭇가지 꽃눈은
봉긋하다

봄을 품은 겨울인가
겨울옷을 입은 봄인가

수선화 피는 자작나무 아래서
너를 만난다면

커피 마시자 말해야지
이 음악 좋으냐고 말해야지
어젯밤에 꾼 꿈 이야기해 줘야지
꽃 보라고 말해야지
재미있게 본 영화 얘기해야지
빗소리에 대해 말해야지
사진 함께 찍자 말해야지

좋은 일 있다고 말해야지

속상하게 한 사람 흉봐야지

.

.

.

네 말은 귀를 막고

막,

내 말만 해야지

함께 부를 노래를 만드는 작곡가의 손이 분주하다

봄비

먹구름 속에 꽃잎이 들어 있다
보슬보슬 빗물에 새싹이 들어 있다
이는 바람 속에 꽃향기가 들어 있다
뿌연 냇물 속에 나비가 들어 있다
울룩불룩 땅속에 아지랑이가 들어 있다

비가 내린다

변화와 선택을 모르던
어제의 나와 그를 잊고

하늘 향해 두 팔을 벌려라

눈물로 별을 씻다

사랑은 참회의 터널을 지나
부활의 십자가로 다시 태어나는 것

눈물 마른 틈 사이로 퍼져 나온 꽃잎이
별들에 가닿아 빛이 되고
얼굴 맑은 들꽃이 되고
한 그루의 나무가 되고
공중의 새가 되고
바람이 되고

먼지가 되어
함께 부를 노래를 만드는
수평선의 고래가 되어
등을 반짝이는

새의 부러진 날개를 치료해 주고
길고양이와 함께 밥을 먹고

달팽이와 길동무가 되어
아이 눈으로 보려는

그리하여
'사랑'을 가슴에 품은 별빛으로
살아가는 것이다

아침 7시

새벽기도 다녀온 토스트 가게 주인은
덜그럭덜그럭 하루 장사 준비를 마무리합니다
드나드는 아이들도 알아보는 부지런한 편의점 사장님은 문
밖 선반에 쌓아놓은 사발면 위에 앉은 먼지를 텁니다
언젠가부터 과일도 파는 구두수선 가게 어르신은
농산물시장에서 사 온 과일상자를 트럭에서 내립니다
검은 가방을 멘 흰 윗옷의 학생은
뚜벅뚜벅 학교에 갑니다

좀 더 있으면
우체국 주차장에 직원들 차가 도착하겠지요
아파트 담장에 흐드러진 오월의 장미
라디오 '그대와 여는 아침' DJ의 들뜬 목소리
부엌에서 식사를 준비하던 나
오늘을 살아갈 당신

눈부신 아침햇살입니다

똑똑

아침밥 먹고 차 한잔 마시는데
어린이집 가기 위해
엄마 손잡고 나온 옆집 아이
재잘거리는 소리 들려
작년까지 가끔
울음소리 들렸었는데
키가 자라서일까
엄마가 직장을 그만두어서일까
요즘은 들리지 않네
웃음소리 자주 들리니
듣는 내가 덩달아 기분 좋아
처음 시작은 낯설고 서툴러도
익숙해지면 웃게 된다는 걸
아이가 배워가는 아침

안녕, 좋은 아침이야

껴안을 결심

집 앞 소나무와 벚나무

살갑고 애틋한 심장으로 보듬고 안아
지지 않는 꽃으로 핀다

사람과 사람이 안는다는 것
다시 품을 내준다는 것

넘치는 샘에서 흐르는 물이다
살아 숨 쉬는 시다
오늘을 사는 또 하나의 이유다
끝까지 꽃이라 말하는 봄이다

나와 당신이 껴안은
그늘과 모서리에서

못다 핀 꽃 피고 있다

대숲과 아카시아꽃

이 소리 들어 봐

숨길 찾은 바람이 만드는 잎새 웃는 소리

등과 등, 어깨와 어깨, 가슴과 가슴이 맞대어도
간격이 눈부신

나무들 춤추는 소리

이 향기 맡아 봐

은은하게 담백하게 체온은 포근하게
달콤하게 친근하게 포옹은 서슴없게

병에 담아 선물하고 싶은 향기
향기를 마시면 사랑이 오는

사랑이 전 재산인 사람들의 향기

우리 곁에 있어

낭성 메밀꽃밭

저녁나절인데도 사람이 많다

꽃이 사람에게 안부를 묻고
사람이 꽃에 안부를 묻는다

군데군데 모인 꽃 무리

이유 있는 기다림
단단한 열매로 맺는

웃어요~

하나, 둘
셋

좋아요!

첫눈 기다리는 날

첫눈이 왔으면 좋겠어요
혼자 차 마시고
혼자 라디오 듣고
혼자 밥 먹고
혼자 그림 그리고
혼자 창밖을 보는 사람 위해

첫눈이 왔으면 좋겠어요
함께 커피 마시고
함께 영화 보고
함께 밥 먹고
함께 사진 찍고
함께 골목을 걷는 사람들 위해

햇빛에 녹지 않는 눈꽃을 그려요

첫눈 기다리는 사람 위해

첫눈이 와도 만나지 못하는 사람 위해
겨울인데도 눈 오지 않는 겨울 위해

갑자기 함박눈

웃음이 난다

내리는 눈의 방향 따라
눈동자가 움직인다

가깝지도 않은데 향기가 난다

하늘하늘 사뿐사뿐

닿을 듯 말 듯 곡선을 그리며

전시장에 눈꽃이 내린다

기다리던 사람이
오고 있다

나른한 직선

그림 전시 중인
충북문화관 숲속갤러리 처마 위

날던 새가 날개를 접고 앉아
새봄맞이를 하고 있다

■ 글을 닫으며

40을 지나 50 꿈꾸는 계절에

　40 초반까지 삶에 대한 희망과 용기가 있었습니다. 오늘의 현실을 미래의 가능성으로 덮고 불안하지 않았습니다. 하지만 40 중반이 되면서 돈, 건강, 환경의 한계에 직면했습니다. 그동안 지켜왔던 신념이나 인간관계까지 변하는 것 같았습니다. 하던 기도가 바뀌었습니다. 집 밖으로 향하던 눈을 안으로 돌리고 아이들을 있는 그대로 지지하기, 부부를 개인과 개인으로 인정하기 등 연약하고 부족한 것까지 사랑하려고 노력했습니다. 무엇보다도 사느라 애쓴 나를 위해 좋아하는 것으로 채워나갔습니다. 독서, 산책, 운동, 영화 보기처럼 혼자서도 할 수 있는 일을 하였으며 시 쓰기와 어릴 적 꿈이던 그림 그리기가 친구가 되어 주었습니다. 나이 40은 현실과 미래에 대한 막연한 불안이 다가오는 시기이기도 하지만, 새로운 나를 만들어 가기에 적당한 때인 것 같습니다. 시집을 내고 시화전을 하고 그림 전시회를 하면서 점차 활기가 생겼습니다.

중년의 꿈은 어디에서 찾을 수 있을까요? 우선 10대 때 칭찬받았거나 꿈꾸었던 일, 지금 잘하고 좋아하는 일이 무엇인지 생각하면 알 수 있지 않나 싶습니다. 어쩌면 혼자인 시간에 익숙해져야 할 나이 50. 취미나 하는 일로 다른 사람까지 이롭게 한다면 행복한 일입니다. 인생에서 가장 아름다운 시기를 60~80세라고들 합니다. 여건이 맞으면 하고 싶은 일을 하면서 자유와 풍요와 여백을 즐기며 살아도 될 나이니까요. 그 길을 먼저 닦은 선배님들이 있습니다. 70 넘어서 그림을 시작한 화가, 90에 시를 쓰기 시작한 시인, 시니어모델이나 삶의 지혜를 나누는 크리에이터, 여행가 들입니다. 좋아하는 일을 하며 즐겁게 사는 분들을 보면 얼굴 주름과 관절의 아픔은 수면 아래에 놓입니다. 꿈을 꾸고, 발견하고, 가꾸고, 나누는 이들의 삶은 언제나 청춘입니다.

꿈이 꼭 있어야 할까요? 아닙니다. 거창한 꿈 없이도 멋진 일상을 만들 수 있습니다. 책 읽기, 스마트폰 사진 찍기, 무료 전시나 커피 두 잔 값으로 그림 전시 관람하기, 영화 보기, 봉사하기, 밥 사주기, 여행하기, 집 화단 가꾸기, 공부하기, 특별한 밥상을 차려 공유하기 등 삶을 풍요롭게 하는 일들은 많이 있습니다. 잘하려고 하지 않아도 괜찮습니다. 나이 먹으면 돈과 건강이 있어야 하지만, 시간을 잘 보내는 것도 중요합니다. 저도 곧 60입니다. 인생 후반의 여백을 꿈으로 채우든지 그렇지 않든지 나와 당신의 삶을 응원합니다. 여기까지 잘 오셨습니다. 앞날을 축복합니다. 읽어주셔서 감사합니다.